中国经济文库·应用经济学精品系列（二）

三江源生态移民城镇化与社会适应性问题研究

史　慧◎著

中国经济出版社
CHINA ECONOMIC PUBLISHING HOUSE
北　京

图书在版编目（CIP）数据

三江源生态移民城镇化与社会适应性问题研究 / 史慧著. --北京：中国经济出版社，2022. 5

ISBN 978-7-5136-6916-0

Ⅰ. ①三… Ⅱ. ①史… Ⅲ. ①移民-社会生活-适应性-研究-青海 Ⅳ. ①D632. 4 ②D669. 9

中国版本图书馆 CIP 数据核字（2022）第 076835 号

组稿编辑　葛　晶
责任编辑　冀　意
责任印制　马小宾
封面设计　华子设计

出版发行　中国经济出版社
印 刷 者　北京建宏印刷有限公司
经 销 者　各地新华书店
开　　本　710mm×1000mm　1/16
印　　张　15. 5
字　　数　238 千字
版　　次　2022 年 5 月第 1 版
印　　次　2022 年 5 月第 1 次
定　　价　88. 00 元
广告经营许可证　京西工商广字第 8179 号

中国经济出版社　**网址** www. economyph. com **社址** 北京市东城区安定门外大街 58 号 **邮编** 100011
本版图书如存在印装质量问题，请与本社销售中心联系调换（联系电话：010-57512564）

前言

PREFACE

移民自古有之，葛剑雄认为“中国历史上的移民有各种类型，有其不同的特点，但就性质而言，基本只有两种——生存型和发展型”①。纵观青藏地区人口发展历史，可以发现青海省是一个典型的移民省。青海民间认为，青海的汉族人口是从南京迁移而来的，现经多方史料查证，得到了证实。移民的不断涌入不仅改变了青藏地区的人口结构，也改变了青藏地区人人、人地、地地关系，使这一地区的生产方式、生活方式、社会文化发生了巨大的变化。但具体而言，民国之前青海地区的移民大多是由政府牵头组织的“政策性移民”，即“以行政或军事手段推行的强制性移民”，一般具有“戍边”“发配”“拓土”“治疆”之意。近代以来，青海的移民多以水库“工程移民”为主，如龙羊峡水电站、李家峡水电站的水库移民。国家是推动青海地区人口变迁的重要力量。

作为一个特殊的群体，生态移民不仅担任着国家治理中的重要角色，也是解决环境问题的重要对象。可以说，通过生态移民促进小城镇发展是对三江源地区城镇化的一种有益探索。随着大规模的生态搬迁，移民工程在突破牧民发展的空间环境约束方面具有积极意义，但新的生产、生活方式的转变也给牧民的生活带来了极大的挑战。

城镇化的本身在于人的城镇化。值得思考的是，三江源生态移民城镇

① 葛剑雄．中国移民史（第一卷）［M］．福州：福建人民出版社，1997.

化是在政策的推动下实现的。牧民由传统“游牧散居”向“城镇集中定居”变化，完全是高度浓缩的“社会发展史”。相对于自然状态下的渐进式城镇化，他们未能经历心理、身份、生产、生活方式的渐进化转变的过程。这种社会跃进导致一系列的“社会震荡”。在这种情况下，移民是如何实现城镇化的？他们能否适应城镇化的生活？他们的生产、生活方式又发生了哪些变化？他们是否实现了“搬的出、稳得住、能致富”的目的？值得思考。

目 录

CONTENTS

第一章

导　论

第一节　研究背景及意义

一、研究背景

三江源地区（也称三江源）地处青藏高原腹地，是长江、黄河、澜沧江的发源地，也是我国淡水资源的重要补给地，被称为“中华水塔”。历史上，这里曾经水草丰美、湖泊星罗棋布、野生动植物种类繁多，被称为高原生态的“处女地”。近半个世纪以来，全球气候变暖，冰川、雪山逐步萎缩，严重影响高原湖泊和湿地的水源补给，该地区的众多湖泊、湿地水域面积快速缩小，加之过度放牧等人为因素的影响，草原生态系统退化严重，草场沙化，草地的生产能力和对土地的保护功能下降。优质牧草逐步被毒草和杂草所取代，鼠类等动物趁虚而入，草地载畜量快速下降。随着植被与湿地生态系统被破坏，该地区的水源涵养能力急剧减弱，导致三江源中下游地区灾害频发，工农业生产受到严重制约，并直接威胁到了长江、黄河流域的生态安全。同时，生态环境已严重影响三江源地区的社会经济发展和农牧民的生产生活，导致该地区广大牧民生活水平长期处于贫困线以下。

日益恶化的三江源生态环境问题引起了党和国家的高度重视。为保护三江源地区生态环境，青海省政府于 2000 年 5 月批准成立了三江源省级自然保护区，并于 2001 年 9 月成立了三江源自然保护区管理局；2003 年 1 月，三江源自然保护区经国务院正式批准晋升为国家级自然保护区；2003 年 7 月，时任全国人大常委会副委员长、九三学社中央主席率九三学社专家考察团赴青海就三江源地区生态环境的保护和治理问题进行了考察和调研。通过考察和调研，提出了《关于加大“三江源”地区生态保护和建设力度的建议》，得到了党中央、国务院的高度关注；2005 年 1 月，国务院正式批准了《青海三江源自然保护区生态保护和建设总体规划》，并要求通过《青海三江源自然保护区生态保护和建设总体规划》的实施，尽快实现三江源地区生态恢复、人与自然的可持续发展、人民生活小康三大目标。同年，青海省、州、县各级政府相继成立了三江源生态保护与建设领导小组，下设三江源生态建设和保护办公室，统一协调组织实施三江源生态保护和建设工程；2016 年 3 月 5 日，中共中央办公厅、国务院办公厅印发了《三江源国家公园体制试点方案》；同年 8 月，习近平总书记在青海省考察时，就三江源生态保护工作作出一系列重要批示，他强调，青海最大的价值在生态、最大的责任在生态、最大的潜力也在生态，必须把生态文明建设放在突出位置来抓，尊重自然、顺应自然、保护自然，筑牢国家生态安全屏障，实现经济效益、社会效益、生态效益相统一。这进一步明确了青海在全国甚至全球生态安全中的战略地位，是青海实施生态保护优先战略，扎实推进生态文明建设的行动指南。2017 年 6 月 2 日，青海省第十二届人大第三十四次会议审议通过《三江源国家公园条例（试行）》，明确了国家公园的管理主体与管理职责，也标志着三江源生态保护进入了新阶段。我们可以看到，三江源自然保护区和三江源国家公园的设立就是“绿水青山就是金山银山”理念在青海的具体探索实践。近年来，青海省委省政府深刻认识到保护好三江源、保护好“中华水塔”是青海义不容辞的重大责任，来不得半点闪失，相继提出了“五四战略”① 和“一优两高”②战略部署，把三江源生态保护和建设工程列为生态保护一号工程，三江源的

① “五四战略”是指“四个扎扎实实”“四个转变”“四化同步”“四个更加”“四种本领”。四个扎扎实实：扎扎实实推进经济持续健康发展，扎扎实实推进生态环境保护，扎扎实实保障和改善民生，扎扎实实加强规范党内政治生活；四个转变：努力实现从经济小省向生态大省、生态强省的转变，从人口小省向民族团结进步大省的转变，从研究地方发展战略向融入国家战略的转变，从农牧民单一的种植、养殖、生态看护向生态生产生活良性循环的转变；四化同步：坚持走中国特色新型工业化、信息化、城镇化、农业现代化道路，推动信息化和工业化深度融合、工业化和城镇化良性互动、城镇化和农业现代化相互协调，促进工业化、信息化、城镇化、农业现代化同步发展；四个更加：建设更加富裕、更加文明、更加和谐、更加美丽的新青海；四种本领：增强学习和政治领导本领，增强改革创新和科学发展本领，增强依法施政和群众工作本领，增强狠抓落实和驾驭风险本领。

② 一优是指坚持生态保护优先，两高是推动高质量发展，创造高品质生活。

生态保护问题已经成为中央和地方政府面临的重要的社会经济问题。

生态移民工程是三江源生态保护与建设的重要内容，也是生态文明理念在青海藏区的一次伟大实践，更是三江源地区一次重要的城镇化契机。党的十八大报告提出走中国特色的新型城镇化道路，并指出城镇化的核心在于人的城镇化；党十九大报告又进一步提出实施乡村振兴的发展战略。从改革任务来看，城镇化最重要的就是推动农业人口的市民化，而推动农业人口继续向城镇转移也是乡村振兴的主要任务之一；同时，城镇化是推进城乡一体化建设和精准脱贫的主要内容，也是中国三江源地区可持续发展的突破口。因此，在精准扶贫、乡村振兴、“三区建设”的背景下，三江源地区如何协调好城镇化建设与人口发展和生态保护之间的关系，提升三江源地区的可持续发展活力，是一个值得研究的命题。

二、研究意义

作为西部地区的多民族集聚省，青海省一直处于一种“资源大省、经济小省、生态大省、生存小省”的尴尬境地，生态保护与经济发展两难行，成为制约青海地区社会经济可持续发展的瓶颈。制定三江源生态移民战略是党和政府为了保护三江源头生态环境，解决三江源地区经济、社会、环境协调发展问题的重大举措。通过生态移民，有效地调整了三江源区的人口空间分布，改善了牧民的生存和发展环境，减少人、畜给草原承载带来的压力。但新的生产、生活方式也给牧民的生产、生活带来了极大的挑战。移民文化素质普遍不高，传统生产、生活方式欠发达，后续产业培育效果不明显，生态移民技能培训滞后，迁入地小城镇基础设施薄弱，生态移民后续生活问题严重；三江源地区城镇密度较低、城镇规模较小、城镇职能较为单一，城镇发展水平不高，对周边地区的辐射性差，严重阻碍了三江源地区的城镇化发展，影响了广大移民就地转产就业及生产生活水平。因此，对三江源地区生态移民及其城镇化相关问题的研究具有极强的现实意义。

本书目的在于总结积累青海藏区生态移民的实践经验，为西部民族地区城镇化建设和可持续发展，以及推动城镇化进程方面的发展提供相关理论支持。同时，通过对三江源生态移民城镇化与社会适应性问题的分析，有助于研究者把握青海藏区移民与社会发展的内在机理，有利于实施科学的移民管理与政策实践。

第二节 研究内容

本书共分为九章，主要介绍如下。

第一章为导论。本部分主要介绍选题的背景及意义，明确研究的目的和内容，确定研究思路与方法，强调研究特色与创新点，对调研情况予以说明。

第二章为国内外研究综述。本部分系统梳理国内外有关生态移民、城镇化、适应性问题的研究成果，并进行整理，明确研究思路。

第三章为三江源生态移民工程概况。本部分整体介绍三江源自然保护区概况及《三江源自然保护区生态保护和建设工程总体规划》，回顾了三江源生态移民的形成过程，详细介绍三江源生态移民的相关安置方式、安置政策、安置进程及管理模式，分析三江源生态移民工程取得的成果，为相关问题分析提供有效支撑。

第四章为三江源生态移民城镇化情况分析。本部分对三江源地区城镇化水平、小城镇建设情况、发展环境进行了详细分析，描述了生态移民城镇化的过程，形成对三江源生态移民城镇化情况的整体评价。

第五章为三江源生态移民社会适应性分析。本部分分别从生产适应、生活适应、社会心理适应、人际适应四个不同维度对三江源生态移民的社会适应性进行详细深入的分析，形成对三江源生态移民社会适应性的整体评价。

第六章为三江源生态移民的典型案例分析。本部分通过介绍玛多县生态移民的个案，再现三江源生态移民工程的实施过程，分析了四个移民社区的发展现状与存在的困难，并从生态效益、经济效益、社会效益三个方面对玛多县生态移民工程的效益进行评价。

第七章为三江源生态移民城镇化与社会适应方面存在的问题及影响因素分析。本部分内容为：通过调研发现，受政策制度、产业发展、资金投入、城镇发展、外部环境、移民自身因素影响，生态移民与小城镇建设的投资标准过低，后续产业发展缓慢，城镇对移民就业的吸纳能力不强，生态移民管理与移民社区治安问题诸多，生态移民的城镇化水平不高，整体适应性有待于提高。

第八章为对策与建议。本部分针对生态移民的城镇化情况与社会适应状况，以及存在的相关问题提出对策与建议：①加快城镇体系建设，推动城镇科学发展。②加快公共基础服务设施建设，不断完善城镇功能。③大力发展生态产业，增强城镇发展活力。④建立健全生态移民管理组织机构，实行属地化管理。⑤完善社会保障制度，健全社会综合服务体系。⑥加大移民的政策参与度，提高移民的政策满意度。⑦建立长效的生态保护机制、健全生态补偿机制、积极推进流域补偿机制。

第九章为研究结论、研究发现、研究不足和研究展望。

第三节 研究思路、研究方法及创新之处

一、研究思路

本书首先进行细致的文献梳理，掌握与生态移民相关的国内外理论，并找出最适合三江源生态移民研究的理论，作为后续研究的指导。其次进行深入的资料收集与问卷调查工作，课题组通过政府部门走访与移民社区调研，获取相关数据与资料。在社区调研中，课题组采取问卷调查、深入访谈、参与观察相结合的方法，重点收集不同移民点的自然、社会、经济发展状况，移民家庭的民族、宗教信仰、年龄结构、人口情况，以及生产、生活、心理、人际等方面的资料和数据。在政府部门走访中，课题组主要了解生态移民工程的相关政策制度的安排情况和资金落实情况，以及移民管理工作中存在的问题。之后通过对调研资料的整理、问卷数据的分析，形成对生态移民的城镇化与社会适应情况的相关评价。最后分析生态移民中存在的问题，并找出相关影响因素，从而提出相应的对策及建议（图 1-1）。

二、研究方法

本书主要运用理论研究与经验借鉴相结合、定性分析与定量分析相结合、

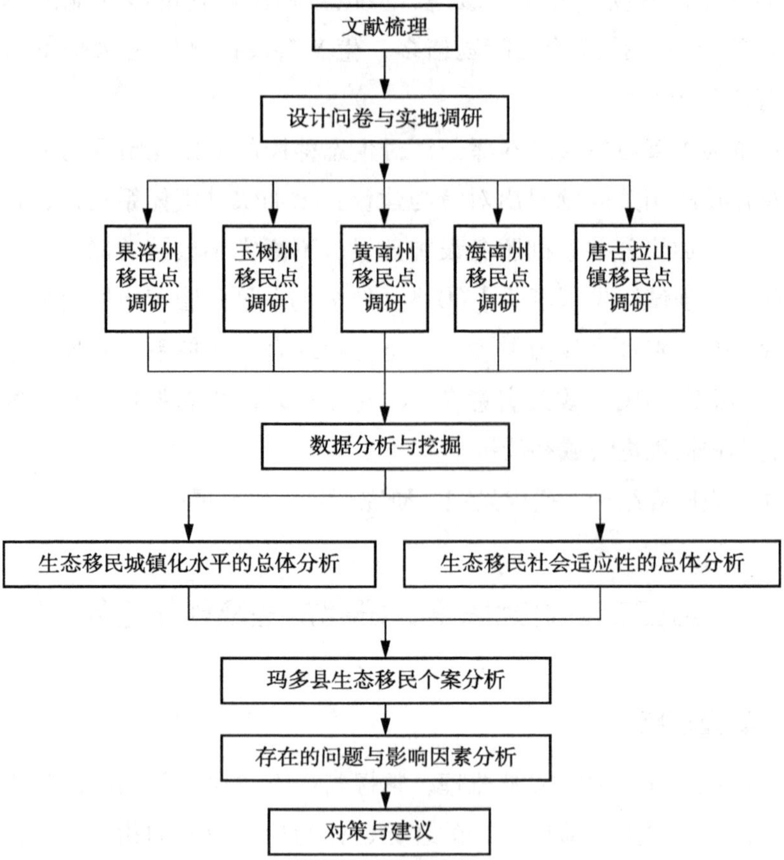

图 1-1 研究思路

典型分析与综合分析相结合、问卷调查与深入访谈相结合的方法，对三江源生态移民的城镇化与社会适应性问题进行研究。具体如下。

（1）理论研究与经验借鉴相结合。在文献综述的基础上，本书借鉴国内外相关研究理论，以及国内生态移民的实践经验，并结合三江源地区特殊民族区域的特点对三江源生态移民的相关情况进行细致的分析。

（2）定性分析与定量分析相结合。本书以定性分析为主，定量分析为辅，并充分利用统计年鉴中的数据、调研数据对相关问题加以分析与论证，以增强说服力。

（3）典型分析与综合分析相结合。本书在综合分析三江源生态移民城镇化水平与适应状况的同时，选取典型的矛盾与问题进行分析探讨。

（4）问卷调查与深入访谈相结合。结合问卷内容，本书对家庭成员的基本情况、移民搬迁前后的生产生活情况、社会交往与风俗习惯等方面进行入户调查。在普查方式的基础上，选取具有代表性的移民家庭进行深度访谈。

三、创新之处

（1）研究内容方面。本书形成的主要内容有后续产业发展、城镇建设、移民管理、生态补偿、社会适应、社会保障等，内容齐全、边界清晰、各有侧重、联系紧密，较好地克服了当前对三江源生态移民研究的散乱性。

（2）研究方法方面。本书将三江源生态移民问题置于政治学、经济学、社会学、心理学等多学科视野中，突出综合性和系统性研究，破解了生态移民研究领域的单一性。同时，本书运用了理论研究与经验借鉴相结合、定性分析与定量分析相结合、典型分析与综合分析相结合的方法，并通过丰富的调研材料、生动的访谈个案、翔实的数据资料，对生态移民的城镇化与社会适应性的相关问题进行分析，克服了研究方法的局限性。

第四节 调研情况说明

一、问卷说明

根据本书研究内容，结合国内外相关研究成果，课题组设计形成“三江源生态移民城镇化与社会适应性问题研究”调查问卷。问卷内容共分为七个部分，内容包括个人与家庭情况、搬迁前后家庭的生产和生活变化情况、移民对生态搬迁与政策补偿的态度、搬迁前后的家庭主要物品比较、人际适应情况、生产适应情况、生活适应情况、社会心理适应情况及开放性问题。

二、调研范围

根据研究需求及三江源生态移民的分布特点，在充分考虑移民社区的代表性的基础上，课题组采取分层抽样和随机抽样相结合的方式，调研遍布三江源区的4个州、17个县、1个镇、48个移民社区，共形成有效问卷832份。问卷符合移民人口分布与安置特点，满足研究需求。

三、调研实施过程

首先，在问卷设计形成之后，课题组组织专家对问卷的内容进行多次讨论；在调研实施之前对所有的调研员进行培训，了解问卷中的各项问题与指标及注意事项。在问卷调查过程中，课题组以户为调查单位，以户主为调查对象，如果户主不在家则以配偶作为调查者，如果户主及配偶都不在家，则以16岁以上的子女作为调查对象；调研采取以一问一答的形式进行，并对相关问题进行记录。在问卷完成之后，由调研员对问卷进行交叉核查，对有疑义的问题进行讨论与补充。同时，为了深入了解生态移民的相关情况，课题组对各州、县政府相关业务部门及社区管理人员、牧户进行访谈，了解在移民工作中主要存在的问题、困难。

本项目调研，共发放问卷860份，回收问卷855份，最终有效问卷832份，问卷有效率达96.7%。

第二章

国内外研究综述

第一节　国外生态移民的研究

一、移民相关理论研究

（一）人口迁移规律的研究

在有关移民的理论研究中，推拉理论（The push and pull theory）备受关注。推拉理论是用来解释移民迁移动因的经典理论。推拉理论最早的雏形是Ravenstein（1889）提出的移民法则。该法则指出：①人口流动与技术发展有关；②经济因素是人口迁移的主要原因；③相对于男性，女性拥有更强的迁移意识；④相对于城市人口，农村人口的迁移意识更强；⑤决定人们迁移的动力来源于原居地和迁入地的生存环境和人为因素所产生的“推力”和“拉力”的总和。人口过剩、政治动乱、宗族冲突、环境变化、资源枯竭和自然灾害都会促使人口迁移，但迁入地的“吸力”比迁出地“推力”更加重要，移民迁移的主要原因在于对生产、生活条件的改善①。1938 年，巴格内在Ravenstein 理论的基础上提出了推拉理论。他认为迁出地不利的生活条件所形成的“推力”与迁入地有利的生活条件所形成的“拉力”相互作用，产生了人口迁移行为。1966 年，Lee 在前人的基础上，对推拉理论进行了修正，补充了“中间障碍因素”和“迁移者个人因素”。他认为迁出地和迁入地实际上既有“拉力”又有“推力”，存在着中间障碍因素，中间障碍因素主要包括迁移的距离、物质障碍、语言文化差异等；同时，迁移者个人对这些因素所形成的价值判断决定其迁移动机取向。他指出，人口迁移是“推力”“中间

---

① 李竞能．当代西方人口学说［M］．太原：山西人民出版社，1992.

障碍因素”“拉力”“迁移者个人因素”共同作用的结果①。推拉理论比较形象地解释了人口迁移的动因，但是“推力”和“拉力”是一个比较模糊的概念，无法很好地测量，只能对迁移的表象原因进行一般性的解释。1971年，泽林斯基（Wilbur Zelinsky）把人口迁移放在社会发展的背景下进行研究，提出了人口流转的五个阶段②，描述了人口迁移与社会变迁的关系。他强调，在传统社会，人口的出生率和死亡率较高，但人口的迁移率很低；在早期工业社会，由于机器大工业的生产，众多农村人口向城市发生迁移；在后工业社会，经济和社会发展带来了国际人口的迁移；在发达社会，人口在城际间的迁移将会成为主要的人口迁移方式。该理论描述了在不同社会发展阶段人口发展与人口迁移的不同特征，并指出人口迁移受社会经济发展条件的制约③。

（二）人口迁移模型研究

第二次世界大战后，发展中国家的人口迁移问题逐渐引起了西方学者的关注，形成了一系列的人口迁移理论模型。比较有代表性的学者有伯克、刘易斯、拉尼斯、费景汉、乔根森及托达罗。

1953年，伯克在印度尼西亚调研时，发现这个国家同时存在两种制度，一种是原有的前资本主义制度，另一种是从西欧引进的资本主义制度，由此提出了“社会二元结构”理论。他认为，二元经济发展的关键问题是传统部门的剩余劳动力向现代部门的转移问题，也就是说通过机器大工业的生产，社会获得大量的资本积累，从而使劳动力获得充分的转移，诱发产业结构的调整，最终导致二元结构变成一元结构。

1954年，刘易斯在伯克理论的基础上，提出了一个富有洞察力的见解。他将存在二元结构的社会划分为两个部门，即以农业、手工业为主的传统部门和以制造业为主的现代部门。刘易斯认为，发展中国家普遍存在二元结构并存的社会组织结构。他还指出，农业部门生产力的不发达，积聚了大量边际生产率为零的劳动力，这些人构成了剩余劳动力，而新兴的现代部门正好

---

① Everett S. Lee. A Theory of Migration [J]. Demography, 1966.

② 五个阶段：第一阶段是现代化前的传统社会阶段；第二阶段为早期工业社会阶段；第三阶段为后工业社会阶段；第四阶段为发达社会阶段；第五阶段为未来发达社会阶段。

③ 张灵俐．近三十年来生态移民研究述评［J］．东北农业大学学报：社会科学版，2014，6.

缺乏劳动力供给。二元结构的核心问题就是将这些剩余劳动力由农村流向城市[①]。刘易斯的模型是建立在对农业部门和工业部门的划分及劳动力无限供给的基础上的，与当时人口状况相适应，但他忽略了传统部门自身的发展，从而忽视了农业发展最终将阻碍工业化与城市化的发展这一事实。尽管刘易斯的理论有一定的不足，但也为后来的人口迁移理论作出了贡献。

1961 年，拉尼斯和费景汉在刘易斯理论基础上提出了二元经济发展的三阶段模型，也叫“刘易斯—拉尼斯—费景汉”模型。该模型的前提假设与刘易斯模型的相同，是对刘易斯模型的补充和修正。“刘易斯—拉尼斯—费景汉”模型将农业部门的发展纳入，并清楚地把农业部门与工业部门的关系表述出来，展现了二元经济发展中劳动力配置的全过程[②]。他们认为，农业部门不仅为工业部门提供了大量廉价的剩余劳动力、生产原料，同时农业生产率的提高也为二元经济的转型提供了先决条件[③]。为此，他们提出了二元经济向一元经济转型的三个阶段：农业部门的劳动力边际生产率为零的阶段，农业部门的劳动力生产率大于零而工资小于工业部门工资的阶段，农业部门的边际生产率大于工业部门阶段。费景汉和拉尼斯认为，农业部门的发展停滞会导致工业部门发展受限，由此提出农业和工业平衡发展的观点。

从 1967 年开始，城市失业问题逐渐凸显，大量农业人口流入城市，给城市经济发展带来压力。此时“刘易斯—拉尼斯—费景汉”模型已经无法解释这种现象。乔根森对“刘易斯—拉尼斯—费景汉”模型提出了质疑，他认为农业部门不存在大量的边际生产率为零的剩余劳动力，并提出两个假设：城乡间预期收入的差异是决定农村劳动力向城市转移的主要因素；农村劳动力能否在城市就业取决于城市就业量。在这样的假设下，乔根森在新古典主义框架内建立了一个不同于“刘易斯—拉尼斯—费景汉”模型的农村剩余模型。他认为，农村剩余劳动力向城市转移的前提是农村有大量的剩余劳动力，当农村剩余劳动力等于零时，就不存在劳动力转移；只有当农村剩余劳动力大于零时，才有可能形成农村剩余劳动力向城市的转移，农村剩余劳动力的规

---

① 欧健利．人口理论模型分析［J］．金融经济：学术版，2014，10.

② 邓桢．湖南省金融发展与城乡收入差距关系的实证分析［D］．长沙：湖南大学，2013.

③ 徐璋勇，姚慧琴，李丙金．中国西部地区新农村建设途径与政策选择研究［M］．北京：中国经济出版社，2014.

模决定着工业部门的发展和农村剩余劳动力向城市转移的规模。可见，乔根森的农村剩余模型是对“刘易斯—拉尼斯—费景汉”模型的补充和发展，但他忽视了农业物质投资的重要性。

20 世纪 70 年代以后，在城市存在高失业风险下，依然有大量的农村劳动力不顾一切地涌向城市。于是，托达罗针对刘易斯模型中存在的两个问题提出质疑：一是农村剩余劳动力为什么会不顾一切风险，哪怕是面临失业风险，也要继续向城市转移？二是工业化的快速发展能否将农村剩余劳动力吸收？基于此，托达罗提出了“预期收入”模型。托达罗认为，农村劳动力向城市转移的决策是根据其对城市“预期收入”的最大化预判断作出的。由于这种判断是根据其对预期的城乡收入差距作出的，而不是根据实际的城乡收入差距作出的。因此尽管城市依然存在高失业风险，农村劳动力依然会不顾一切地涌向城市，城市劳动力市场严重失衡，加大了城市的就业压力。托达罗的“预期收入”模型直观地展现了人口与劳动力在“成本—收益”比较下的行为选择，只要存在收入差，就会产生持续的人口引力（拉力）效果，差距越大，人口拉力越大。然而也要看到，托达罗的“预期收入”模型只考虑了迁移者的迁移成本，忽略了他们在城市里的生活成本。

以上理论从不同角度揭示了人口迁移的原因、规律及形式，为本书研究提供了理论支持，同时也为各政府部门制定相关移民政策提供了很好的依据。

二、国外生态移民研究

（一）对生态移民的界定

国外对移民的研究多是从工程移民或国家移民的角度出发的①。欧美的学者很早就对生态移民问题进行了研究，并产生了大量的研究论著。“生态移民”一词最早由考尔斯（Cowles，1899）提出，他认为居民只有意识到在原居住地继续居住下去会对周围的生态环境产生破坏时才会移民②。但也有研究把因环境问题引起的人口迁移称为环境移民（environmental migration）或环境

① 张铁军．生态移民社会适应问题研究［J］．理论建设，2012，3.

② Henry Chandler Cowles. The Ecological Relation of the Vegetation of the Sand Dunes of Lake Michigan［J］. Adopted from The New Encyclopedia Britannica，1993，3.

难民（environmental refugees）[①]，埃及经济学家 Hinnawi（1985）将“环境难民”描述为由于环境破坏（自然原因或人为原因）威胁到人们的生存和生活质量而引起的暂时性或永久性的人口迁移[②]；但在 Jacobon（1988）看来，“环境难民”是指那些由于周围生活环境恶化，无法再提供基本生活必需品，而被迫离开原居地的人们[③]；不同于这些学者，Myers（1986）又将“环境难民”重新定义为“土地干旱、土壤沙化、林地砍伐等环境破坏问题导致人们不能再获得生计，这些人在毫无准备的情况下，只能到其他地方寻求生计”。由于“难民”一词存在某种偏见，“环境难民”的使用也饱受争议，于是学者开始尝试使用一些新的词汇，如“环境诱发性移民”（environmentally induced migration）、“环境被迫移民”（environmentally forced migration）来描述该群体。但在 Hugo（1996）看来，用“环境移民”（environmental migration）来描述因为环境因素而引起的人口迁移更为合适也更具有针对性。与此同时，学者 Swain（1996）、Wood（2001）提议将“环境移民”定义为“环境与非环境因素共同作用下导致的人口迁移”。因此，国际移民组织（2007）将“环境移民”重新定义为“由于生态环境突然或缓慢发生变化，对人们的生产生活产生了不利的影响，而被迫、主动、暂时性或永久性离开家园的人们。这种迁移可以是国内范围内的迁移，也可以是国际迁移。”从以上对三个词语的界定中我们可以看出，不论是“生态移民”“环境移民”或“环境难民”，对人口迁移的本质认识是一致的。目前国际上普遍以“生态移民”“环境移民”为主。我国早已将“生态移民”一词写入政府工作报告中，因此，国内研究主要以“生态移民”一词为主。

（二）对生态移民的划分

按照不同的分类依据，国外学者对生态移民进行了不同类型的划分。学者 EI-Hinnawi 根据生态移民迁移动因的不同及返迁程度将生态移民归为三类：暂时性迁移移民、永久性迁移移民及永久性移民。暂时性迁移是指为了暂时

---

① 张灵俐．近三十年来生态移民研究述评［J］．东北农业大学学报：社会科学版，2014，6.

② 陈勇．对西方环境移民研究中几个基本问题的认识［J］．中国人口．资源．环境，2009，5.

③ 东梅，刘算算．农牧交错带生态移民综合效益评价研究［M］．北京：中国社会科学出版社，2011.

性躲避沙尘暴、台风、洪水等自然性灾害而发生的人口迁移，等灾害过去移民又返迁到原居地；永久性迁移是指由于生态系统受损严重，在短期内难以修复而发生的人口易地搬迁；永久性移民是指生态环境长时间衰退，导致土壤沙化、耕地萎缩、草场退化等情况，以至于需要很久的时间进行修复，由此导致的人口迁移①。学者 Dine. C. Bates 根据环境的受损程度及相关因素将生态移民划分为由突发性自然灾害（山洪、泥石流、地震等）引起的突发性灾难移民；由一系列政府行为（如修建水利设施、战争）产生的移民；由环境受损产生的移民。Renaud 等根据移民动机与重要性将移民分为环境诱发性移民、环境被迫移民、环境难民。环境诱发性移民是指为了躲避环境破坏带来的不利影响所发生的人口迁移；环境被迫移民是指为了避免生态环境进一步恶化而不得不进行的人口迁移；环境难民是为了躲避灾害或环境恶化而产生的人口迁移。无论采取哪种划分形式，移民都是各种推拉因素共同作用的结果。

（三）对生态移民的研究

20 世纪 50 年代以来，人口快速恢复增长，同时机器大工业的生产带动工业化的快速发展，资源被过度开发与浪费。全球生态环境的日益恶化产生了一系列的人口—资源—环境问题。1998 年，联合国举办的“国际人口、贫困和环境关系研讨会”指出：进行生态移民是解决人口、贫困和环境问题的有效途径之一。Gautam（2000）发现，尼泊尔的生态移民问题极为突出，特别是人口的急速增长，迫使政府必须重新对人口进行安置；Ezar（2001）对埃塞俄比亚生态环境变化与人口迁移的关系进行深入的分析后发现，人口增长是造成生态恶化并直接导致生态移民贫困的最根本原因；Winkels 和 Adger（2005）对阿富汗的生态移民项目进行了细致的分析后提出，贫困与移民有一定的相关性；多博林科夫（2006）指出俄罗斯大规模的生态移民存在很大危机。

目前，国外对生态移民的研究主要局限于亚洲及拉美国家。外国学者直接对中国生态移民的研究，主要以世界银行和日本学者的研究较为深入，研究对象主要为内蒙古、宁夏地区的生态移民。其中比较有代表性的有《世界银行移民政策与经验研究》。世界银行的研究多关注于移民实施过程。塞尼

① 张灵俐．近三十年来生态移民研究述评［J］东北农业大学学报：社会科学版，2014，6.

（1998）认为移民在一定程度上会带来负发展，产生贫困现象，造成丧失土地、失业、无家可归、边缘化、疾病、食品缺乏、社会联系的破坏七种贫困风险①。另外，中日两国学者通过对中国生态移民的观察所形成的《中国环境政策报告：生态移民》（2005），分别从生态角度、文化角度、经济角度，以大量丰富的研究个案分析了生态移民政策产生的一系列问题②。

三、国外对城镇化问题的研究

作为一种重要的社会现象，城镇化问题很早就引起了国外学者的广泛关注，他们对城镇化的内涵、过程、诱因及影响进行了深入的分析。1867 年，西班牙学者 Sayda 首次使用了 Urbanization 一词。到 20 世纪 50 年代，随着世界范围内城镇化速度的不断加快，Urbanization 一词开始被广泛使用③。赫兹勒把城镇化看成是人口从农村向城镇大量积聚的过程④；Sorokin⑤、Louis⑥ 认为城镇化是农村的生活习惯、行为方式等不断转变为非农村的生活习惯、行为方式的过程；赫西则认为城镇化是农村经济向城镇经济转变的过程⑦；可见学者对城镇化有着不同的理解与侧重。

自工业革命开始，西方国家在工业化的驱动下开始了快速城镇化的进程，加剧了城市边界的不断扩张，恩格斯曾对这一过程进行了如下的描述："大工业企业需要许多工人在一个建筑物里共同劳动，这些工人就必须住在工厂附近，甚至在工厂附近形成一个完整的村镇。他们都有一定的需求，为了满足这些需求，还需有其他的人，于是手工业者、裁缝、鞋匠、面包师、泥瓦匠、木匠都搬到这里来……当第一个工厂很自然地已经不能保证一切希望工作的人都有工作的时候，工资就下降，结果就是新的厂主搬到这个地方来。于是村镇就变成小城市，而小城市又变成大城市。"对于这一过程，库兹列兹

---

① 塞尼 MM. 移民·重建·发展：世界银行移民政策与经验研究（二）［M］. 水库移民经济研究中心，译. 南京：河海大学出版社，1998.

② 新吉乐图. 中国环境政策报告：生态移民：来自中、日两国学者对中国生态环境的考察［M］. 呼和浩特：内蒙古大学出版社，2005.

③ 新玉言. 新型城镇化理论发展与前景透析［M］. 北京：国家行政学院出版社，2013.

④ 赫兹勒. 世界人口的危机［M］. 何新，译. 北京：商务印书馆，1963.

⑤ Sorokin PA. Society of My Mental Life, in Philip J. Allen. Ed. Pitirm A. Sorokin in Review, Durham, N. C［M］. Duck university Press, 1963.

⑥ Louis W. Urbanism as a way of life［J］. American Journey of sociogy, 1989（7）: 1-24.

⑦ 沃纳. 赫西. 城市经济学［M］. 刘世庆，译. 北京：中国社会科学出版社，1990.

(Kuznets，1950）认为技术进步所带来的工业化、城镇化在很大程度上已经对人口分布产生了巨大影响，人口流动是适应技术进步的变化机制[①]。因此，学者分析了人口城镇化的主要诱因，代表的观点有：Kuznets（1955）和Northam（1975）认为经济发展是促进人口城镇化的主要原因；Lewis（1989）认为工业部门与农业部门的收入差距是人口城镇化的主要原因；Sun发现户籍制度与征地制度才是人口城镇化的主要诱因[②]。同时学者还对城镇化的影响因素进行了分析，总结了人口、交通、地租、收入等因素对城镇化的影响[③]；分析了全球化对城镇化起到的动力作用[④]，以及劳动力价格变化对城镇化的影响过程[⑤]。同时，学者Vanwey还发现大量剩余劳动力向城市转移，增加了对城市住宅、教育医疗等公共服务的需求，推动了城镇的扩张，加速了城镇化的过程[⑥]。Gray通过对不同国家城镇化的进程进行研究后发现，人口城镇化与土地城镇化具有相互促进的关系，人口城镇化导致了城镇对土地的需求，而城镇土地的扩张也加大了对农村劳动力的吸引[⑦]。

尽管城镇化在早期为西方国家的发展提供了助力，但随着大量人口涌入城镇，各种“城市病”逐渐爆发出来，交通、居住、生态环境问题日益凸显，以至于当时的学者就城镇化的模式产生了激烈的讨论。早期的有Burgess提出的同心圆模式，即城镇规模以圆心为基准不断向外围扩张[⑧]；Hoyt的扇形模式，即城镇发展规模呈现从市中心沿主要交通线向外扇形延伸[⑨]；Harris的多

---

① 新玉言．国内外城镇化比较研究与经验启示［M］．北京：国家行政学院出版社，2013.

② Sun P．T．Non-coordination in china’s urbanization：assessment and affecting factor［J］．Chinese Geographical Science，2013（6）：729-739.

③ Brueckner J. K. Urban sprawl，lessons from urban economics［J］．Brooking-Wharton Papers on urban Affairs，2001（1）：65-97.

④ Sassen S. Cities in a world economy［M］，London：Pincporge Press，1994.

⑤ Hutton．T. A service industries，globalization，and urban restructuring within the Asian-pacific：New Development Trajectories and planning Respones［D］，Progress in planning，2003.

⑥ Vanwey L K．Land ownership as a determinant of international and internal migration in Mexico and internal migration in Thai-land［J］，International Migration Review，2005（39）：141-172.

⑦ Gray C L. Environment，Land，and rural out-migration in the Southern Ecuadorian Andes［J］．World Development，2009（2）：457-468.

⑧ Burgess E W. The growth of the city［M］．The City Chicago：University of Chicago Press，1925.

⑨ Hoyt. H. The structure and growth of residential neighborhoods in American cities［M］，Washington，D. C：Federal Housing Administration，1939.

核心模式，即城镇发展由多个各具特点并相互独立的区域构成[①]；Taffe（1963）的城市理想结构模式，即城市由中央商务区、中心边缘地区、中间带、边缘带、郊区构成[②]；Russwurm（1965）的地域城市模型，即城市由中央核心区、边缘区、影响区、边缘区构成[③]；Murle（1977）的大都市发展模型，即城市呈现出中心城市、近郊区、远郊区、边缘区的结构[④]；以及 Heyer 的差异化城市发展模型，即形成大、中、小三种不同规模的城市群。

纵观国外对城镇化的研究，主要是基于城镇发展的脉络，理论体系与研究方法较为成熟；从整个城镇化的进程来看，经济发展与城镇化水平紧密相关；全球化、信息化促进了城镇空间结构转型，加剧了城镇体系的“极化”；但城乡关系始终是城镇化进程中的主要矛盾，“城市病”在一定程度上也制约了城市的发展，只有制度创新才能推进城镇化。

四、国外对移民社会适应性的研究

西方学者对于“适应”问题的研究始于心理学领域。美国心理学家利兰（Leland）和科恩（Cone）认为，社会适应是个体在与外界环境交互作用中的一种心理过程[⑤]；阿瑟·S. 雷认为社会适应是对无数促进社会和谐技能的总称[⑥]；美国智力落后协会（The American Association on Intellectual and Development Disability）将适应行为描述为在日常生活中所学习的社会技能和实践技能[⑦]。关于社会适应性的内容，早期的研究者 Meyers 认为，社会适应包括自我满足与社会责任；而 Scott 等认为，社会适应涵盖了主观与社会两个方面相互作用的过程；Ward 则把社会适应看成是跨文化调整的模式，即心理调整和文化调整。尽管国内外对社会适应的界定与表述不同，但从中可以看出，社会适应是一种长期的复杂的心理过程。

西方对移民适应性的研究主要集中在对国际移民（跨境移民）的研究上，

---

① Harris C D. The nature of cities［J］, American Academy of Political and Social Science, 1945.
② 沈玉麟．外国城市建设史［M］. 北京：中国建筑出版社，1997.
③ Coase. Ronald. H. The Problem of social cos［J］, Journey of Law and Economics, 1965.
④ 荣玥英．城市边缘区研究综述［J］. 城市规划学刊，2011（4）.
⑤ 杨彦平，金喻，社会适应性研究述评［J］. 心理科学，2006，5.
⑥ 彭豪祥，冯耕耘．三峡移民社会适性研究［M］. 武汉：武汉大学出版社，2015.
⑦ 王少静，曾天德．社会适应祥研究述评［J］. 广西青年干部学院学报，2012，6.

与之相关的概念有“同化”“社会融合”“社会适应”等。特别是克瑞尔卡沃（Hector St. John Crevecoeur）（1782）首次提出的“熔炉论”，认为美国可以将来自不同国度、不同种族的移民熔化为一个新的群体①。之后，罗伯特帕克（Robert E. Park）提出了“同化论”，他将同化的过程看成是移民和当地居民相互融合的过程。在这一过程中，个人与集团得到其他群体的记忆、情感与态度。为此，他通过运用族群互动关系、相遇、竞争、适应、同化术语来描述外来移民被同化的过程②。

美国的社会学家高斯席德（Goldscheider. G）通过对发展中国家移民的研究认为，移民的社会适应就是移民在变化的环境中对所做出的行为的不断调整。他特别强调要理解移民的社会适应，就要理解移民行为本身。Seudder 发现移民在安置后会产生心理、生理、文化等不同层面的压力③。Bhugra 发现社区对移民的接受程度、移民的搬迁过程，以及搬迁后的社会支持都会影响移民的心理适应④。

从现有文献来看，国外移民研究较多关注国际移民，而对生态移民的关注度不够，对生态移民的相关概念与看法也不尽相同，研究方法多以量表为主，研究对象主要以亚洲和拉美国家为主，对中国生态移民的研究较少。

第二节　国内生态移民研究

一、生态移民的概念与内涵

人口迁移是人类社会自古以来就有的现象，人口迁移也是社会变迁的重要内容。如今，移民问题已经成为重要的社会研究问题，学术界对于生态移民的概念已经形成了较为清晰的界定。首先从目的层面界定：生态移民是由于生态系统恶化，人们为了改善生活被迫更换生活地点，调整生活方式的经

① 李明欢 . 20 世纪西方国际移民理论［J］. 厦门大学学报，2000（4）.

② 胡锦山 . 罗伯特 . 帕克与美国城市移民问题研究［J］. 求是学刊，2008，1（35）.

③ Scudder T. Colson. E. Involuntary migration and resettlement: the pattern and responses of dislocated people [M]. Westview Press, 1982.

④ Bhugra D, Jones P. Migration and mental health [J]. Advances in psychiatric Treatment, 2001（7）.

济行为[①]；是以保护环境、消除贫困、发展经济为目的的人口迁移[②]；是为了保护环境所发生的迁移活动并由此产生的迁移人口[③]；是与环境变迁相关的移民，是为改变环境而搬迁的移民[④]；是生态环境恶化导致生存条件丧失而产生的人口迁移活动，或者以生态保护为目的，有计划地将人口迁出生态脆弱区的重建活动[⑤]；是为了修复和保护生态环境，从发展经济的角度出发，对生态脆弱地区的人口进行迁移，形成新的城镇，从而达到人口、资源、环境可持续发展目的[⑥]。其次从意义层面探讨：生态移民是从保护生态环境的角度出发，不仅考虑搬迁后移民的生产致富，又不能破坏迁入地的生态环境，还要保护迁入地的原居民利益不受损，是多重目标的移民[⑦]；生态移民对实现民族共同繁荣、巩固边疆、社会稳定具有重要意义[⑧]；是生态文明建设中的一项新型的移民实践活动，政府统一将生态受损或生态脆弱地区的人口迁移出来，进行异地安置，在政策上实现生态、移民、扶贫、城镇化四项并举，在经济上实现人口、生态、环境、资源的可持续发展[⑨]；是实现西部民族地区经济、社会、生态和谐共生的现实选择[⑩]；是对传统观念的一次更新，也是对传统生产、生活方式的一次重要变革[⑪]；是解决生态和生存矛盾的有效途径[⑫]；是从保护生态环境、发展经济的角度出发，通过生态搬迁形成新的村镇，破解区域间环境保护和经济发展难题，双赢的战略性决策[⑬]；生态移民有利于民族融

---

① 葛根高娃，乌云巴图．内蒙古牧区生态移民的概念，问题与对策［J］．内蒙古社会科学：汉文版，2003（2）．

② 宋建军．中国生态移民政策［J］．中国民族报，2005．

③ 包智明．关于生态移民的定义，分类及若干问题［J］．中央民族大学学报，2006（1）．

④ 李星星，冯敏，李锦，等．长江上游四川横断山区生态移民研究［M］．北京：民族出版社 2007．

⑤ 施国庆，严登才，周建．生态移民社会冲突的原因及对策［J］．宁夏社会科学，2009，11．

⑥ 新吉乐图．中国环境政策报告（生态移民）［M］．呼和浩特：内蒙古大学出版社，2011．

⑦ 方兵，彭志光．生态移民：西部脱贫与生态环境保护新思路［M］．南宁：广西人民出版社，2002．

⑧ 皮海峰．小康社会于生态移民［J］．农村经济，2004（6）．

⑨ 闫秋源．环境社会学视野中的生态移民［D］．北京：中央民族大学，2005．

⑩ 李皓．论生态移民与民族地区现代化［J］．黑龙江民族丛刊，2005（1）．

⑪ 东日布．沼气与生态养殖［J］．中国牧业通讯，2006（11）．

⑫ 冯芸，陈幼芳．云南怒江傈僳族自治州实施异地开发与生态移民的障碍分析及对策研究［J］．经济问题探索，2009（3）．

⑬ 李耀松，许芬，李霞．宁夏生态移民可持续发展研究［J］．宁夏社会科学，2012（1）．

合与社会稳定，具有显著的生态效益、社会效益、经济效益，是促进农民脱贫增收致富，实现小康的有效渠道①；

尽管学者对生态移民的定义不同，但从大体上明确了生态移民的内涵与外延。首先，生态移民是以为保护环境为宗旨的有目的人口迁移；其次，生态移民的目的是改善移民的生存条件，使其获得更好的发展；最后，生态移民是政府主导的一种行为。另外，生态移民在制度设计上具有反贫困的性质，通过生态搬迁，既保证了生态脆弱地区的生态保护，又打破了原有的资源约束，实现了人口、资源、环境的可持续发展。

二、生态移民的迁移动因分析

秦小东等认为，人们迁移的动因来自外界环境和社会经济条件的拉动作用，但更多的是为了获取更好的生活条件②。郝时远认为，移民迁移的原因主要有生态恶化、生态环境治理、文物古迹保护等③。关于生态移民迁移的动因，可以归结于以下几类：一是保护性移民，即为了保护特定生态脆弱地区而将一定的人口从特殊区域迁移出来，以进行生态保护。迁入是为了保护迁出地的环境④，甘肃、内蒙古生态移民属于此性质。二是开发性移民，即基于自然资源的开发与建设而将特定区域的人口迁出，如兴建一些大型的水力设施引起的生态移民。三是扶贫性移民，即移民是为了更好的生活条件，如宁夏吊庄移民。

三、生态移民的政策实践

国内对生态移民的研究，最早始于1982年的“宁夏吊庄移民”⑤。吊庄移民是指从宁夏南部生存环境恶劣地区迁移到黄河周边便于灌溉的地区的移民。不同于其他地区的移民，吊庄移民一开始便具有异地扶贫性质，这也是中国

---

① 李培林，王晓毅．生态移民与发展转型［M］．北京：社会科学出版社，2013.

② 秦小东，李丁，潘燕辉．沙漠化地区乡村社区生态移民影响因子与预测模型研究——民勤县湖区为例［J］．西北人口，2007（5）.

③ 杜发春．“生态移民与环境影响评估”国际研讨会综述［G］//2006中国民族研究年鉴．北京：民族出版社，2006.

④ 李星星，冯敏，李锦，等．长江上游四川横断山区生态移民研究［M］．北京：民族出版社，2007.

⑤ “吊庄移民”是当地一种特殊的称谓，指的是一家人分别在两个不同的地方居住，为了生活来回奔波。

生态移民实践的开始。1994 年，国家开始实施“八七扶贫攻坚计划”，全国大部分地区开始实行以“脱贫攻坚”和“生态保护”为目标的移民试点。1996 年后，广东、山西、陕西、辽宁等省逐渐把生态移民纳入扶贫计划。2003 年，国家公布实施的《退耕还林条例》首次提出了“鼓励在退耕还林过程中实行生态移民，并对生态移民农户的生产、生活设施给予适当补助”①。自此之后，大规模的生态移民工程开始在甘肃、内蒙古、宁夏、青海、新疆多地实施。

宁夏是我国最早开展生态移民的试点地区。20 世纪 80 年代开展的“三西”（甘肃定西地区、河西走廊地区、宁夏西固地区）移民，是对生态移民的一次有意探索。吊庄移民表明，生态移民不仅仅是简单的人口迁移，而是包括创建新的社区、新的城镇、新的产业及推动移民新思维的全过程②。但是在肯定吊庄移民成绩的同时并不能否认其移民过程中存在的一系列问题。由于移民缺乏对迁移后生活的困难与个人发展的思想准备，在搬迁早期，50%的移民大量返迁③；同时部分移民区周边植被破坏，出现了土壤沙化、土地盐碱化的情况④。随后大量的定西移民搬迁后，大部分移民开始适应新的生活方式，但也有一部分移民不适应，需要政府的引导⑤；有学者发现，实施生态移民后，县域整体的生态压力并没有丝毫减少⑥。

自 20 世纪 90 年代，内蒙古多地开始实施大规模的生态移民项目，迁移人口达到整个牧民人口的三分之一，成为真正意义上的生态移民⑦。2000 年 10 月 3 日，《内蒙古日报》发文，内蒙古阿拉善生态移民工程已取得初步成效⑧；东日布通过对科尔沁移民的调研指出，实施生态移民的经济效益、社会

---

① 《退耕还林条例》，第五十四条。

② 王朝良．宁夏吊庄移民及其环境影响［G］// 生态移民的环境社会学研究．北京：民族出版社，2009.

③ 张同基，范建荣，陶红，等．前车之鉴：大战场移民开发的启示：对固原县大战场移民吊庄乡移民及环境与发展问题的考察报告［J］. 宁夏社会科学，1998（01）：26-32.

④ 桑敏兰．宁夏生态移民与城镇化发展研究［J］. 西北人口，2005（1）.

⑤ 李勇平，赵凯，李菁，等．生态移民搬迁与生活方式的转变：以甘肃省移民调查为例［G］//生态移民的环境社会学研究．北京：民族出版社，2009.

⑥ 侯东民．西部生态移民跟踪调查述评：我国贫困带扶贫宜做战略性调整［M］. 北京：中国环境出版社，2014.

⑦ 色音，张继焦．生态移民的环境社会学研究［M］. 北京：民族出版社，2009.

⑧ 乌兰图雅．阿盟生态移民搬得出稳得住脱贫快［N］. 内蒙古日报（汉），2000-10-03（4）.

效益及生态效益已日益凸显①。但葛根高娃等发现，生态移民在各地存在各种不同程度的问题②；徐红罡指出，生态移民作为一项辅助性措施，并没有有效缓解草原的生态压力，只有提高牧民的草场保护意识才是减轻草场压力的根本性措施③。任国英发现内蒙古生态移民并没有起到真正扶贫作用，生态效应、经济效应、社会效应并不明显④。初春霞和孟慧君认为，内蒙古生态移民工程的实施在生态环境建设、移民脱贫致富、民族团结与社会稳定及产业结构调整方面具有极大的推动作用⑤。苏米雅和刘恒通过观察内蒙古生态移民社区的生活，发现传统的邻里之间守望相助的关系已经淡化，取而代之的是经济关系⑥。可以说，生态移民在保护生态环境与突破环境的发展束缚方面有积极的作用，但移民本身也带来了极大的社会风险。

研究发现，国内大规模的生态移民工程不仅仅是一个生态环境问题，更是一个社会问题⑦。特别是移民之后各种问题日益凸显，如对生态移民的认识不足，政策不力、管理不到位，直接影响了生态移民工程的实施效果⑧；生态移民技术培训滞后，后续产业发展困难，生态移民面临贫困问题⑨；移民在一定程度上形成了对政府的依赖，“等、靠、要”思想严重⑩。在包智明看来，生态移民的问题实质是人与环境的关系调整问题。针对生态移民中出现的诸多问题，学者提出了许多对策建议。皮海峰指出，生态移民工作要与全面建成小康社会的奋斗目标相结合，要与地区城镇规划建设相结合，要与国家扶贫攻坚计划相结合，要与生态文明相结合，要与当地的社会经济发展要素相

---

① 东日布．生态移民扶贫的实践与启示［J］．中国贫困地区，2000.

② 葛根高娃，乌云巴图．内蒙古牧区生态移民的概念，问题与对策［J］．内蒙古社会科学，2003（6）．

③ 徐红罡．“生态移民”政策对缓解草原生态压力的有效分析［J］．国土与自然资源研究，2004（4）．

④ 任国英．内蒙古鄂托克旗生态移民的人类学思考［J］．黑龙江民族丛刊，2005（5）．

⑤ 初春霞，孟慧君．生态移民与内蒙古经济可持续发展［J］．现代农业化研究，2006（2）．

⑥ 苏米雅，刘恒．“我们一起回家”：移民村的“寻根与植根”：以内蒙古牧区B生态移民村为例［J］．中国社会工作，2018（02）．

⑦ 一迪．生态移民的困惑［J］．华夏人文地理，2003（3）．

⑧ 孟琳琳，包智明．生态移民研究综述［J］中央民族大学学报，2004（6）．

⑨ 白建俊，谢芳．对黄南藏族自治州三江源自然保护区生态移民情况的调查［J］．青海金融，2007（7）．

⑩ 李培林，王晓毅．生态移民与发展转型［M］．北京：社会科学出版社，2013.

结合，要与移民的个体素质相结合①；刘学敏等提出，生态移民要走城镇化的发展道路②；梁福庆指出，生态移民要结合产业发展，才能实现“搬得出、稳得住、能致富”③；杨维军、刘学敏、刘英提出，生态移民要坚持走人口集中、产业发展、城镇建设三位一体的发展道路；在加强迁出地的环境保护和迁入地的城镇建设的同时，要防止移民在迁移过程中发生民族文化变异；鼓励逐步建立移民政策引导、产业项目带动、社会团体参与、企业介入、移民开发等运行机制；把生态移民和城镇化进程紧密结合起来；建立移民社会保障制度。

四、生态移民的城镇化问题研究

城镇化是城镇发展的重要阶段。国内大部分学者认为，生态移民工程的实施是推进城镇化的良好机遇，城镇化是解决生态移民生存与发展问题的重要途径；城镇化是生态移民的必然选择。但也有学者认为，城镇化的安置方式更有益于提高移民社会适应性，应成为生态移民重要的安置模式。王培先指出，生态移民的实施应与小城镇建设结合起来④；在刘学敏和陈静看来，生态移民是实现西部地区城镇化目标的重要方式，只有把生态移民与城镇化结合起来，通过产业发展，实现生态产业建设，西部地区的经济发展才得以持续⑤。拜琦瑞和马文静指出，生态移民与城镇化有内在的关联性，这种关联性体现在二者在空间人口转移上有趋同的一面，生态移民在人口结构上有农业人口向非农业人口转变的一面。同样这种人口转变的过程包含土地、资源问题，二者都是自然、社会、经济环境的选择⑥。李皓认为，生态移民为西部民族地区提供了难得的发展契机，为西部城镇化的发展注入了新的动力，也是西部地区经济发展与生态保护和谐共生的重要举措⑦。桑敏兰通过对宁夏生态

---

① 皮海峰．小康社会与生态移民［J］．农村经济，2004（6）．

② 刘学敏，陈静．生态移民，城镇化与产业发展：对西北地区城镇化的调查与思考［J］．中国特色社会主义研究，2003（2）．

③ 梁庆福．中国长江三峡工程库区生态移民思考及对策［J］．水利学报，2007（10）：158-162.

④ 王培先．生态移民：小城镇建设与西部发展［J］．国土经济，2000（6）．

⑤ 刘学敏，陈静．生态移民，城镇化与产业发展：对西北地区城镇化的调查与思考［J］．中国特色社会主义研究，2003（2）．

⑥ 拜琦瑞，马文静．生态移民与西北地区城镇化的经济学分析［J］．西北人口，2004（1）．

⑦ 李皓．论生态移民与民族地区现代化［J］．黑龙江民族丛刊，2005（1）．

移民的考察，认为生态移民是提高宁夏地区城镇化率，解决宁夏南部山区的贫困问题，推动城乡融合，实现可持续发展的突破口，也是生态移民开发的重要选择①。闫秋源指出，生态移民对于促进小城镇建设具有积极意义②。卿向阳发现，建立生态移民城镇化管理体制可以实现生态自然保护与区域经济发展的双重目的③。梁福庆提出，将生态移民工程与小城镇建设相结合，可以提高城镇化水平，带动群众就业、增收致富④。周鹏认为，生态移民有利于引导移民向靠近市场、靠近城镇的地区转移，从而形成城镇化过程⑤。侯东民指出，移民城镇化是最终解决区域贫困性及生态性问题的根本出路⑥。施国庆通过对水库移民的大量研究发现，水库移民城镇化安置后，其生产生活要素会发生全面性、颠覆性的突变。他认为影响城镇化的发展因素主要有城镇对人口及工业发展集聚效应、城镇发展规模及城镇发展体系。城镇发展规模小，对人口的集聚能力和社会积聚效应就会减弱。一方面，城镇工业的发展受限，导致城镇就业岗位减少，无法使农村人口在城镇从事第二、第三产业；另一方面，"省—（地）市—县—乡"的行政建制体系单一，导致产业结构不合理。

五、生态移民的社会适应性问题研究

"适应"一词源于生物学，后被广泛应用于心理学、社会学。在生物学上，适应包含三个方面的含义：一是适应是一个过程。这个过程是个人不断进化与发展的过程。二是适应是一种心理结构或心理结果，是个人在不断进化与发展过程中的调试装置。三是适应更是一种状态。在心理学中，适应是多维度的，不仅包括感觉上的适应、认知结构方面的适应，还包括社会适应；社会适应又被称为社会适应行为或社会适应能力⑦。从社会学的角度来看，社

---

① 桑敏兰．宁夏生态移民与城镇化发展研究［J］．西北人口，2005（1）．

② 闫秋源．环境社会学视野中的生态移民与社区构建：以内蒙古鄂托克旗棋盘井移民村为例［D］．北京：中央民族大学，2005年．

③ 卿向阳．四川西北民族地区生态移民与小城镇发展研究的调查报告［J］．西南科技大学学报：哲学社会科学版，2006（1）．

④ 梁福庆．三峡工程库区生态移民研究［J］．中国科技论坛，2007（10）：29-32.

⑤ 周鹏．中国西部地区生态移民可持续发展研究［D］．北京：中央民族大学，2013.

⑥ 侯东民．西部生态移民跟踪调查述评：我国贫困带扶贫宜做战略性调整［M］．北京：中国环境出版社，2014.

⑦ 王少静，曾天德．社会适应性研究述评［J］．广西青年干部学院学报，2012，12.

会适应是一个继续社会化的过程①，是个体反作用于周围环境并获得心理平衡的能力②，也是个体在社会、经济、文化交互作用中，不断适应外界环境的变化，从而掌握各种社会规范，形成适应社会的行为模式的过程③；通过这个过程，人们调节其行为模式和心理状态以适应新的外部环境④。尽管各个学科的关注点不同，但都认为社会适应是一种人们对外部环境变化所做出的一系列心理与行为调节的过程，也是新的社会关系生成的过程。

近年来，国内对社会适应问题进行了大量的研究，研究成果比较丰富。从研究主体来看，主要关注城乡迁移者的适应问题、特殊人群（毕业生、流动儿童、远嫁妇女）的适应问题、工程移民（三峡水库移民）的适应问题及生态移民（内蒙古、宁夏吊庄）的适应问题；研究内容主要集中在生产劳动、就业、社会心理、后续产业发展等方面；研究方法以问卷调查法为主。这些研究成果从不同的层面探讨了迁移者的社会适应问题，对个体具体适应过程分析较少。对移民的社会适应性问题研究，研究主要以三峡水库移民为对象，研究内容集中在对移民的适应状况分析及适应性的影响因素分析上。

（一）社会适应状况的分析

风笑天利用 1979 年、1999 年、2000 年三年的数据，针对三峡水库移民的社会适应过程和状况，从日常生活、经济发展、心理三个方面进行了分析。研究表明，随着搬迁时间的推移，移民的社会适应状况逐渐见好，但移民的社会适应仍需很长时间。叶嘉国和雷洪对三峡水库移民的社会适应性进行了系统的研究，并分析了生产劳动、社区环境、居住条件等因素对移民适应性的影响。他们认为，移民搬迁后所产生的一切矛盾源于政府的主导行为，要提高移民的适应性，必须发挥移民的主观能动性⑤。郑丹丹和雷洪在对湖北首

---

① 郝玉章，风笑天．三峡外迁移民的社会适应性及其影响因素研究［J］．市场与人口分析，2005，6.

② 张萍．目前我国大学生群体的社会适应危机［J］．中国青年政治学院学报，2008，1.

③ 郑丹丹，雷洪．三峡移民社会适应中的主观能动性［J］．华中科技大学学报，2002，3.

④ 郝玉章，风笑天．三峡外迁移民的社会适应性及其影响因素研究［J］．市场与人口分析，2005，6.

⑤ 叶嘉国，雷洪．三峡移民对经济发展的适应性：对三峡库区移民的调查［J］．中国人口科学，2000（6）.

批三峡水库移民的调研后发现，三峡水库移民在社会适应的过程中存在主观能动性的自我矛盾，表现在自我认知、情感需求、行为方式等要素之间的矛盾，并且这种矛盾会阻碍其在迁入地的社会适应，带来消极的影响①。陶格斯在对内蒙古生态移民的研究中发现，镶黄旗生态移民社会适应状况差，移民并没有融入当地的社区，存在大量“返迁”现象②。李杰等对内蒙古阿拉善盟孪井滩生态移民的社会适应和心理健康水平测评后，认为整体搬迁、集中安置的方式更有利于移民的社会适应③。张铁军认为，移民的社会适应是一个综合的社会转变过程，需要从政策层面、个体层面、社会层面采取有效的措施④。朱晓静通过对甘肃扶贫移民的研究发现，移民搬迁时间与社会适应呈正相关。⑤ 田晓娟认为，生态搬迁虽然使宁夏穆斯林移民走出了过去封闭的生活环境，也使其生活空间、生活方式、价值观念发生了很大的变化，但仍沿袭传统的生产生活方式⑥。王应政认为，生态移民的社会适应是一个综合的渐进过程，表现为生产方式转变难、生活消费适应难、风俗习惯融合难、社会交往认同难⑦。黄婷通过对贵州生态移民的调查分析发现，移民搬迁后容易产生心理、生产、生活、社交等方面的不适应，而这种不适应与文化程度、职业、收入、居住条件、生产条件等因素呈正相关⑧。这些研究成果为课题研究指明了方向，明确了调研的内容与关键点。

（二）社会适应的影响因素分析

在影响移民社会适应的因素分析上，学者认为既有移民自身的因素，也有政策因素及其他社会因素。郝玉章和风笑天对从三峡外迁到江苏的227户移民，从经济、生活、人际三个维度进行了适应情况调查，发现一半比例以

---

① 郑丹丹，雷洪．三峡移民社会适应中的主观能动性［J］．华中科技大学学报，2002，3.

② 陶格斯．浅谈镶黄旗生态移民在呼和浩特市郊区的社会适应性［J］．华北农学报，2006.

③ 李杰，苏娅，雅如，等．草原生态移民社会适应状况，心理健康水平调查报告——以内蒙古阿拉善盟孪井滩为例［J］．内蒙古师范大学学报：哲学社会科学版，2010（2）．

④ 张铁军．生态移民社会适应问题研究［J］．理论建设，2012，3.

⑤ 朱晓静．甘肃扶贫移民的社会适应性研究［J］．辽宁行政学院学报，2012，11.

⑥ 田晓娟．同心县生态移民的生活状况与社会适应研究：以石狮管委会惠民村移民点黄家水为例［J］．宁夏社会科学，2012（4）．

⑦ 王应政，戴斌斌．民族地区生态移民社会适应性研究：以贵州扶贫生态移民工程为例［J］．贵阳学院学报2014（1）．

⑧ 黄婷．贵州省生态移民就业适应性研究［D］．贵州：贵州财经大学，2017.

上的移民已经基本适应了搬迁后的生活，但搬迁前后经济收入的差异、生产技能的欠缺、社会关系的缺乏成为影响其社会适应的主要因素①。解彩霞认为，搬迁时间长短、年龄差异、生态环境等因素影响移民的社会适应②。索端智指出，移民的社会适应受心理、市场竞争环境、文化变迁、个人发展能力因素的影响③。李杰通过对内蒙古阿拉善生态移民的分析认为，生态移民的适应程度与搬迁后的收入水平有关，贫困户与富裕户在心理适应方面存在很大的差别，移民的社会适应性与移民的心理健康情况呈正相关④。马晓梅则认为搬迁时间、政府政策落实、移民的价值观念、资金支持、基础技能是影响社会适应的主要因素⑤。

生态移民不仅仅是一项单纯的迁移行为，更是一项复杂的系统工程。对于如何提高移民的社会适应能力，学者提出了不同的建议。李杰等指出，要不断拓宽移民增收途径，提高移民收入，让移民获得更好的社区归属感。王应政和戴斌斌认为，要以提高移民素质、推动移民就业来促进移民的生产适应；以加强民族文化保护与创新，加快移民的文化适应；以搭建交流与合作平台，促进移民的人际适应⑥。

六、三江源生态移民的城镇化问题研究

目前，学界对三江源生态移民城镇化问题的研究较少，主要集中在对城镇化意义的探讨与模式研究上。尹秀娟和罗亚萍指出，要真正实现三江源生态移民“搬得出、稳得住、能致富”的目的，就必须将生态移民工程与城镇化发展结合起来，通过推动城镇化来实现移民的可持续发展⑦。王小梅和高丽

① 郝玉章，风笑天．三峡外迁移民的社会适应性及其影响因素研究［J］，市场与人口分析，2005，6.

② 解彩霞．三江源生态移民的社会适应研究：基于格尔木市两个移民点的调查［J］．青海社会学科学，2009（3）.

③ 索端智．三江源生态移民的城镇化安置及其适应性研究［J］．青海民族学院学报：社会科学版，2009（4）.

④⑧ 李杰，苏娅，雅如，等．草原生态移民社会适应状况，心理健康水平调查报告——以内蒙古阿拉善盟孪井滩为例［J］．内蒙古师范大学学报：哲学社会科学版，2010（2）.

⑤ 马晓梅．宁夏生态移民社会适应性问题的调查研究［J］．中共银川市委党校学报，2013，4.

⑥ 王应政，戴斌斌．民族地区生态移民社会适应性研究：以贵州扶贫生态移民工程为例［J］．贵阳学院学报：社会科学版，2014（1）.

⑦ 尹秀娟，罗亚萍．三江源”生态移民与迁入地城镇化建设［J］．青海师范大学学报：社会科学版，2007（2）：15-19.

提出，将生态移民与城镇化建设相结合是三江源区现代化的重要选择，但三江源地区城镇化也面临着城镇规模较小、城镇功能较为单一、社会经济基础薄弱、民族文化冲突等一系列问题①。绽小林和陶秉元认为，由于替代产业还未形成，生态移民搬迁后面临传统草原游牧文化与现代城镇文化的冲突，三江源地区城镇发展应该采用人口、乡镇企业向小城镇集中的模式，以尽快形成人口和生产要素在城乡之间的流动②。索端智指出，三江源生态移民的城镇化安置有利于调整三江源地区人口空间分布，突破移民发展空间约束，引导移民思想转变，是一次重要的城镇化和乡村建设的契机③。杜发春通过对三江源生态移民的考察发现，三江源生态移民城镇化已经对该地区的自然生态、社会结构、经济发展、文化传承产生了极大的影响。他认为，生态移民并非简单的人口迁移，而是浓缩了传统游牧社会向现代社会演化的过程④。尕旦才让认为，城镇化为生态移民提供了多元的就业渠道，改变了过去传统的生产方式⑤。苏海红指出，三江源要走人口集聚与城镇建设相结合的高原生态特色的人口城镇化道路⑥。在桑才让看来，生态移民与城镇化互为条件、相互促进，生态移民为城镇发展带了人口与各种生产要素，而城镇的发展则为移民创造了良好的生活空间与发展空间⑦。

七、三江源生态移民的社会适应性的研究

张娟通过对三江源生态移民的研究指出，移民的社会适应是一个长期的过程，移民的不适应主要与移民自身、政策因素、资金支持有关⑧；石德生以格尔木长江源生态移民点为调研点，对该社区移民的生活状况和社会适应情况进行了深入调查，发现生态移民虽然从草场迁移到了城市，但生活方式的

---

① 王小梅，高丽文．三江源区生态移民与城镇化协调发展［J］．青海师范大学学报：哲学社会科学版，2008（1）：6-9.

② 绽小林，陶秉元．青藏高原三江源区生态环境与生态移民及社会发展困境问题研究：以青海藏区藏民族移民群体为主体的实证研究［J］．藏学学刊，2008（10）.

③ 索端智．三江源生态移民的城镇化安置及其适应性研究［J］．青海民族学院学报，2009（2）.

④ 杜发春．三江源生态移民研究［M］．北京：中国社会科学出版社，2013.

⑤ 尕旦才让．三江源生态移民研究：基于经济学视角［D］．西安：陕西师范大学，2013.

⑥ 苏海红．中国三江源区城镇化与生态环境耦合发展路径研究［J］．青海社会科学，2016（1）：1-6.

⑦ 桑才让．中国藏区生态移民问题研究［M］．北京：中国社会科学出版社，2016.

⑧ 张娟．对三江源区藏族生态移民适应困境的思考：以果洛州扎陵湖乡生态移民为例［J］．西北民族大学学报：哲学社会科学版，2007（3）.

传统性特征依然很强，并未形成城市意义上的业缘关系，移民生活开始出现“文化动荡”与“边际人格”①。解彩霞通过对格尔木两个移民点的调研发现，三江源生态移民整体社会适应性还是比较高的，但是仍需通过一系列措施，提高移民的社会适应性②。索端智认为，三江源生态移民城镇化的安置方式在一定程度上影响了移民的社会适应性，造成移民社会适应困境，同时三江源地区的整体发展条件和牧民的自身发展能力决定了移民在城镇化的社会适应方面面临很大的困难，需要从职业习惯、生活方式、社会活动等方面加以引导③。侯东民指出，移民的生产生活方面还存在一定困难，移民无法充分就业，难以开展有效的生产活动，移民适应城镇生活将是一个漫长的过程④。桑才让认为，生态搬迁对移民来讲是一个艰难的生活转型过程，必然会产生种种不适应，而这种不适应会使移民对未来生活失去信心，甚至产生返迁的想法，有潜在的社会不稳定因素⑤。

对于如何提高三江源生态移民的社会适应性问题，马宝龙认为，实现移民的顺利转产是提高移民社会适应性的关键⑥。尕旦才让认为，要逐步转变观念，创新移民的培训形式，不断提高移民的工资性收入，彻底实现移民转产；创新补偿机制，提高移民生活质量⑦。侯东民建议尽快开放户籍限制，让符合条件的移民顺利落户并享受市民待遇，同时在就业、培训社会保障方面予以适当倾斜⑧。桑才让提出政府要发挥主导力量，通过对移民进行心理疏导、提高其语言能力、发挥致富带头人的模范示范作用来提高移民的适应性⑨。

---

① 石德生．三江源生态移民的生活状况与社会适应：以格尔木市长江源生态移民点为例［J］．西藏研究，2008，4.

② 解彩霞．三江源生态移民的社会适应研究：基于格尔木市两个移民点的调查［J］．青海社会学科学，2009（3）.

③ 索端智．三江源生态移民的城镇化安置及其适应性研究［J］．青海民族学院学报，2009（2）.

④ 侯东民．西部生态移民跟踪调查述评：我国贫困带扶贫宜做战略性调整［M］．北京：中国环境出版社，2014.

⑤ 桑才让．中国藏区生态移民问题研究［M］．北京：中国社会科学出版社，2016.

⑥ 马宝龙．困境与对策：三江源区藏族生态移民适应性研究：以果洛州扎陵湖乡移民为例［J］．甘肃联合大学学报：社会科学版，2007（3）.

⑦ 尕旦才让．三江源生态移民研究：基于经济学视角［D］．西安：陕西师范大学，2013.

⑧ 侯东民．西部生态移民跟踪调查述评：我国贫困带扶贫宜做战略性调整［M］．北京：中国环境出版社，2014.

⑨ 桑才让．中国藏区生态移民问题研究［M］．北京：中国社会科学出版社，2016.

通过文献综述可知，国内对生态移民的研究，不论是在研究角度、层次、内容方面，还是在研究方法等方面都有很大局限性。在研究方法方面，多以定性研究为主，定量研究较少，而定量分析与定性分析相结合的研究更少；生态移民是一个系统工程，如果仅从定性方面加以描述而缺乏一定的数据支撑，则难以对生态移民的效益进行有效的分析。在研究角度方面，国内研究领域对生态移民的研究已经引起了多学科研究人员的关注，虽然在人类学、社会学、生态学领域已有大量生态移民问题研究内容，但每一学科只关注与本学科相关的问题，缺乏多学科角度上的共同探讨，而生态移民是一个复杂的社会过程，需要从多学科角度把握。在研究内容方面，从现有的文献来看，国内学者是将生态移民看成一个静止的客体，分析的是静止的事件，没有关注到生态移民从搬迁到后续的发展及日常生活是一个漫长的适应过程，也没有看到移民后其所带来的长期效应。

在现有研究中，部分学者注意到生态移民与城镇化之间的相关性，但对二者的系统研究并不多。对国内生态移民的实践研究很多，但对生态移民实施之后的效应评估及后续跟踪调查较少。生态移民效益是实施生态移民工程决策的依据，也是实施生态移民的出发点，因此，对生态移民效益的评估和影响分析还需要进一步深入，以找到适合我国生态移民的科学、合理、有效的评估方法。

第三章

三江源生态移民工程概况

第一节　三江源自然保护区概况

一、三江源自然保护区范围界定

三江源自然保护区位于青海省南部，区域面积为36.3万平方千米，占青海省总面积的21%；该地区人口以藏族人口为主，占地区总人口的89%以上；行政区划上涉及4个藏族自治州、17个县、128个乡镇、679个行政村。

三江源自然保护区由三江源地区18个相对独立的森林灌丛、高原湖泊、湿地、雪山、高寒草甸草原、野生动物保护区组成，这些分区依据其地理位置和相邻关系又组成了5个较大的片区，即海西州格尔木市管辖的格拉丹东片区；玉树州治多、杂多县和曲麻莱县境内的索加、当曲、果宗木查片区；玉树州玉树、囊谦和称多县境内的昂赛、白扎、江西、东仲和通天河片区；果洛州玛多、玛沁和海南州兴海、同德及黄南州河南县的约古宗列、扎陵湖—鄂陵湖、星星海、阿尼玛卿山和中铁—军功片区；黄南州泽库县的麦秀片区。

三江源自然保护区从建立至今先后经历了两次大的调整。2005年项目一期建设时，保护区范围涉及4州、16县、1乡，分别为果洛州的班玛县、玛多县、久治县、甘德县、达日县、玛沁县；玉树州的玉树县、杂多县、囊谦县、曲麻莱县、治多县、称多县；海西格尔木的唐古拉山乡；黄南州的河南县、泽库县；海南州的同德县、兴海县。2013年项目二期实施时，由于生态保护与建设工程实际需要，保护区范围由原来的16个县扩大到21个县，新增了黄南州的同仁县、尖扎县，海南州的贵德县、共和县和贵南县。

二、三江源自然保护区自然条件

受印度洋西南季风和太平洋东南季风的影响，三江源地区形成了独特的青藏高原性气候，一年干、湿两季，无四季之分；年降水量大，雨热同期；年温差小、日温差大、日照时间长、辐射强烈；地势南高北低，中间相对比较平缓，形成了山地森林、高寒草甸、高寒荒漠、沼泽湿地等生态系统。三江源地区河流纵横、湖泊众多，水资源极为丰富，孕育了丰富的野生动植物资源。

三、三江源自然保护区经济社会概况

（一）经济概况

1. 地区生产总值

长期以来，三江源地区的经济基础薄弱、总量小、产业结构单一，地区生产总值在青海省处于落后水平，对省际经济贡献小。“十一五”期间，三江源地区的生产总值由80.38亿元增长到165.86亿元，增加了85.48亿元，占全省生产总值的12.19%；在“十二五”期间，三江源地区的生产总值由200.39亿元增长到309.16亿元，增加了108.77亿元，占全省生产总值的12.79%；在“十三五”末期，2019年三江源区的生产总值为391.59亿元，占全省生产总值的13.20%（表3-1，图3-1）。以上数据表明，三江源地区生产总值在全省生产总值中的比重较低，资源优势发挥不强，区域地位与经济增长对青海省经济发展的贡献率不匹配。

表3-1　2006—2019年青海省生产总值和三江源地区生产总值对比

单位：亿元

年份	黄南州	果洛州	玉树州	海南州	三江源区生产总值	青海省生产总值
2006	23.39	8.66	15.50	32.83	80.38	641.05
2007	27.99	10.12	17.82	40.87	96.80	760.96
2008	33.94	12.66	24.51	51.60	122.71	961.53
2009	34.60	15.05	25.48	57.81	132.94	1081.27
2010	43.68	20.43	31.86	69.89	165.86	1360.43
2011	48.40	26.14	40.20	85.65	200.39	1634.72
2012	58.11	30.54	47.17	104.35	240.17	1884.54
2013	66.47	32.07	54.68	117.12	270.34	2101.05
2014	68.83	34.06	56.49	130.72	290.10	2301.12

续表

年份	黄南州	果洛州	玉树州	海南州	三江源区生产总值	青海省生产总值
2015	72.75	35.66	60.55	140.20	309.16	2417.05
2016	74.65	36.48	61.48	152.68	325.29	2572.49
2017	79.01	37.26	64.38	145.82	326.47	2642.8
2018	88.33	41.44	53.61	158.18	341.56	2865.23
2019	110.95	46.16	59.82	174.66	391.59	2965.95

数据来源：2007—2020 年《青海统计年鉴》。①

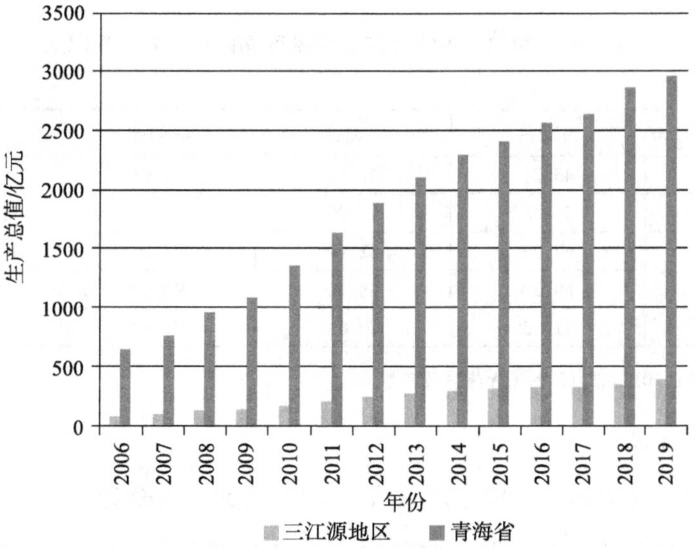

图 3-1　2006—2019 年青海省生产总值和三江源地区生产总值对比

数据来源：2007—2019 年《青海统计年鉴》。

2. 财政收支

一直以来，三江源地区受生态保护、地区经济发展、产业结构的影响，地方政府财政收入有限，所有县域处于入不敷出的局面，主要依赖中央财政转移性支付与项目资金支持。2014—2018 年三江源地区财政收支情况见表 3-2，2013—2017 年三江源地区国家财政补贴情况见表 3-3。

① 由于格尔木唐古拉山镇部分数据缺乏，因此未统计入内。

表 3-2　2014—2018 年三江源地区财政收支情况

单位：亿元

年份	黄南州		果洛州		海南州		玉树州	
	预算收入	预算支出	预算收入	预算支出	预算收入	预算支出	预算收入	预算支出
2014	2.53	57.22	2.30	58.88	7.07	85.89	3.13	69.97
2015	3.48	68.78	4.04	65.23	9.79	99.74	5.23	79.25
2016	3093	71.77	3.63	70.15	10.33	94.68	3.64	93.66
2017	3.51	73.49	2.50	71.79	10.31	96.78	1.89	98.50
2018	3.16	86.04	2.31	88.78	10.45	107.42	2.10	100.96

数据来源：2015—2019 年《青海统计年鉴》，以及海南州、玉树州、果洛州、黄南州的《2018 年国民经济和社会发展统计公报》。

表 3-3　2013—2017 年三江源地区国家财政补贴情况

单位：亿元

年份	黄南州	果洛州	海南州	玉树州
2013	45.07	47.31	65.97	74.12
2014	55.46	57.95	79.96	69.43
2015	67.23	62.99	94.90	79.16
2016	69.60	68.12	90.67	93.09
2017	71.33	70.03	89.17	97.22

数据来源：2014—2018 年《青海统计年鉴》。

3. 产业发展

2019 年三江源地区完成生产总值 381.59 亿元，占全省的 12.87%。其中，第一产业为 112.48 亿元，第二产业为 119.45 亿元，第三产业为 149.66 亿元；第一产业比重过高，第二、三产业发展不足（表 3-4）。

表 3-4　2019 年三江源地区三次产业统计

单位：亿元

地区	地区生产总值	第一产业	第二产业	第三产业
黄南州	100.95	26.06	26.24	48.65
果洛州	46.16	8.39	13.86	23.91
海南州	174.66	43.59	73.93	57.14
玉树州	59.82	34.44	5.42	19.96
合计	381.59	112.48	119.45	149.66

数据来源：海南州、玉树州、果洛州、黄南州的《2019 年国民经济和社会发展统计公报》。

（二）社会概况

1. 人口与民族

截至 2020 年 11 月 1 日零时，三江源地区总人口数为 136.39 万人，其中少数民族 121.65 万人，以藏族为主，占该地区人口总数的 89.20%；城镇常住人口 57.08 万人，城镇户籍人口 28.07 万人（表 3-5）。

表 3-5　2020 年三江源地区常住人口与少数民族人口情况

单位：万人

地区	常住人口	少数民族人口	城镇常住人口	城镇户籍人口
黄南州	27.62	25.75	11.48	7.01
果洛州	21.55	20.03	5.81	3.36
玉树州	42.52	41.11	21.52	7.03
海南州	44.70	34.76	18.27	10.67
合计	136.39	121.65	57.08	28.07

数据来源：根据海南州、玉树州、果洛州、黄南州第七次全国人口普查公报数据整理。

2. 教育、科技、文化、卫生

截至 2019 年 12 月底，三江源区共有各类学校 1023 所，其中：幼儿园 661 所、小学 272 所、中学 76 所、特殊学校 5 所、中等职业教育学校 9 所；各级专职教师 17253 人；科学研究机构 4 所；各类文化机构 42 所；村级卫生室 1185 所、州级医院 8 所、县级医院 31 所、疾病预防控制中心 25 所、妇幼保健服务中心 24 所、卫生监督所 25 所（表 3-6）。

近年来，随着国家的大力投入及地方省的对口支援，三江源区的教育、文化、卫生条件有了极大的改善，但依然存在一系列问题。教育方面，表现在教学资源分配不均、师资短缺、校舍不足、办学质量不高、区域教育发展不平衡；医疗方面，表现在医疗服务成本高、医疗服务能力弱、人员编制短缺、区域医疗服务覆盖面窄；文化方面，表现在文化资源的挖掘利用率低、发展水平层次低、市场活力不足。

表 3-6　2019 年三江源地区分地区教育、科技、文化、卫生相关情况统计表

	指标	黄南州	海南州	果洛州	玉树州	合计
教育	幼儿园（所）	164	316	57	124	661
	小学（所）	85	53	52	82	272
	中学（所）	17	26	15	18	76
	特殊学校（所）	1	2	1	1	5
	中等职业学校（所）	1	1	5	2	9
	专任教师（人）	3433	6087	2346	5297	17163
科技	研究机构（所）	2	1	1	0	4
文化	艺术事业机构（所）	1	1	1	1	4
	图书馆（所）	1	6	7	1	15
	群众文化机构（所）	5	6	7	1	19
	文物机构（所）	1	2	1	1	4
卫生	村卫生室（所）	286	452	188	259	1185
	州级医院（所）	2	2	2	2	8
	县级医院（所）	4	9	9	9	31
	疾病预防控制中心（所）	5	6	7	7	25
	妇幼保健服务中心（所）	4	6	7	7	24
	卫生监督所（所）	5	6	7	7	25

数据来源：《青海统计年鉴 2020》。

第二节　三江源自然保护区建设规划

《青海三江源自然保护区生态保护和建设总体规划》项目规划为三期，包括生态保护与建设、农牧民生产生活基础设施建设和科技支撑三大类主要建设项目，以及 13 个大项目及 23 个子项目（土壤沙化防治、封山育林、黑土滩治理、森林防火、鼠害防治、建设养畜、小城镇建设、能源建设、自然保护区管护站点建设、重点沼泽湿地保护、生态移民、人畜饮水、农牧民科技培训、退牧还草、湖泊禁渔、野生动物保护、界碑桩建设、灌溉饲草料基地建设、人工增雨、科研课题及应用推广、生态监测、水土保持、退耕还林还草）。

其中，一期工程实施期限为 2005—2013 年，建设内容包括生态保护与建设、农牧民生产生活基础设施建设和科技支撑三大类主要建设项目、22个子项目（森林草原防火、鼠害防治、退耕还林、能源建设、建设养畜、灌溉饲草料基地、沙漠化土地防治、人工增雨、小城镇建设、生态移民、封山育林、湿地保护、黑土滩治理、野生动物保护、湖泊湿地禁渔、生态监测、人畜饮水、科技培训、退牧还草、水土保持、保护区管理设施与能力建设、科研课题及应用推广）。生态移民作为三江源生态保护和建设一期工程的重要内容，也是三江源环境治理与生态恢复的重要措施。2005年，三江源生态移民工程正式启动。

截至2013年底，青海省保护工程共完成退牧还草8521万亩（1亩=666.67平方米）、黑土滩治理522.58万亩、鼠害防治8796万亩、退耕还林（草）9.81万亩、封山育林510.84万亩、沙漠化土地防治66.16万亩、湿地保护160.12万亩、水土保持503平方千米、灌溉饲草料基地建设5万亩，建立养畜户30421户、生态移民10733户55773人、推广新能源30421户，建设了13.58万人和36万头牲畜规模的饮水工程，完成科研课题及应用推广20项，完成管理干部和专业技术人员培训6041人（次），培训农牧民47950人（次），建立和培育示范户1717户。2013年三江源一期工程档案通过了国家档案局验收，一期工程已圆满完成。

二期工程规划基准年为2011年，实施期限为2013—2020年，主要建设内容包括生态保护和建设、支撑配套两大类主要建设项目、24项工程。其中：生态保护和建设工程共17个，包括禁牧封育和草畜平衡管理、退牧还草、黑土滩治理、草原有害生物防控、现有林管护、封山育林、人工造林、农田防护林更新改造、中幼林抚育、林木种苗基地建设、森林有害生物防控、荒漠生态系统保护与建设、湿地和雪山冰川保护、水土保持、人工影响天气、饮用水源地保护、生物多样性保护和建设。支撑配套工程共7个，包括生态畜牧业基础设施建设、农村能源建设、生态监测、基础地理信息系统建设、科研和推广、培训、宣传教育。二期工程规划是一期工程的拓展和延续，也是落实《青海三江源国家生态保护综合试验区总体方案》的主要载体，是统筹生态保护、民生改善、区域发展的主要支撑。截至2018年底，三江源生态保护和建设二期工程已累计下达投资117亿元（其中，中央预算内投资43.6亿元，中央财政资金73.4亿元），占规划总投资的72.9%；累计完成投资113.8亿元，占下达投资的97.3%；安排实施了黑土滩治理、封山育林、草原有害生物防控、生态畜牧业基础设施建设、农村能源、科技培训及生态监测等两大类主要建设项目、20 项专项工程，工程建设正有序推进。

自 2005 年三江源生态保护工程实施以来，三江源地区生态系统结构变化明显趋缓，年降水量增加，草场荒漠化进程减缓，土地荒漠面积减少，水体面积逐年增大，草地退化在一定程度上得到了遏制，整体生态系统质量明显提高（图 3-2）。

北纬34.9° ，东经97.3°　　　　北纬32.8 ° ，东经93.5°

图 3-2　三江源草场生态恢复情况

图片来源：青海三江源生态保护与建设办公室。

虽然三江源生态保护和建设取得了一些成绩，但是面临一些新情况、新问题：三江源国家公园体制试点、国家自然资源资产管理体制试点、可可西里成功申遗等为持续深入推进三江源地区生态保护和建设工作带来了契机，也提出了更严要求和更高目标。同时，国家在《青海三江源国家生态保护综合试验区总体方案》中明确的支持政策在实施中部分政策尚未具体化，难以有效落实。三江源生态服务功能价值评估成果尚未达成共识，生态补偿机制尚处于试点阶段，存在碎片化、层次低、不完整等问题，难以发挥应有作用和效果。目前，三期已开始实施。

第三节　三江源生态移民工程

一、三江源生态移民概况

生态移民是三江源生态环境保护和建设工程的子项目，也是三江源生态环境恢复与治理的重要措施。

2002年末，三江源地区总人口为59万人，其中90%的人口是藏族，同时牧业人口占总人口的三分之二以上（表3-7）。长期以来，由于超载、过度放牧、乱采滥伐等活动的影响，三江源地区土壤沙化、水土流失严重。受生态环境破坏和恶劣自然环境的影响，广大牧民长期生活在贫困线下，贫困人口量大、面广、程度深，严重制约了当地的经济发展和人民的生产生活。2005年，为了保护和恢复三江源地区的生态功能，国家决定对该地区实施生态移民，以达到减人减畜的目的。

表3-7　2002年三江源地区社会基本情况

地区	总人口（万人）	牧业人口（万人）	牧业户数（户）	牧民人均收入（元）
果洛州	13.54	9.20	20732	1599.97
玉树州	26.3	17.04	34664	1432.5
海南州	10.67	6.54	13476	2043.83
黄南州	8.40	8.01	16165	1355.49
唐古拉山乡	0.10	0.10	314	1730.23
合计	59.00	40.89	83531	159.69

数据来源：《青海统计年鉴2002》。

根据《青海三江源自然保护区生态保护与建设总体规划》，生态移民工程共涉及牧民212590人，其中核心区43566人，缓冲区43254人，试验区125270人①。按照小康型消费标准测算，三江源自然保护区的环境承载容量为133731人，结合该地区人口实际，共需移民89358人；移民范围涉及果洛藏族自治州的玛沁、甘德、达日、班玛、久治、玛多6县；玉树藏族自治州的曲麻莱、治多、称多、杂多、玉树6（市）（县）；海南藏族自治州的兴海、同德2县；黄南藏族自治州的泽库、河南2县；以及海西蒙古族藏族自治州

① 《三江源生态保护与建设总体方案》根据保护区的自然条件、资源承载能力、经济社会发育程度和区域功能定位，将三江源自然保护区分为重点保护区（核心区）、一般保护区（缓冲区）、承接转移发展区（保护区）；核心区是在三江源地区生态安全格局中发挥特殊作用，以生态环境保护为核心，原则上禁止从事开发经营活动的区域，占园区总面积的50.1%；缓冲区是在构成三江源区域生态安全格局中发挥维护生态系统完整性基础作用，可以根据资源环境承载能力适当发展畜牧业生产经营活动的区域；保护区是在生态保护建设和城镇化进程中，具备一定承接转移农牧业人口和产业发展潜力，需要统筹开发与生态保护的区域。

格尔木市的唐古拉山乡镇，合计4个州、17个县、1个市、75个乡镇（保护区内69个，保护区外6个）（表3-8和表3-9）。

表3-8 三江源自然保护区各功能区人口情况

地区	核心区		缓冲区		试验区		合计	
	户数（户）	人口（人）	户数（户）	人口（人）	户数（户）	人口（人）	户数（户）	人口（人）
麦秀	563	3098	1198	6590	1218	6701	2980	16389
中铁—军功	1624	8932	2385	13119	4771	26242	8781	48293
阿尼玛卿	63	349	233	1282	238	1308	534	2939
星星海	234	1287	295	1623	855	4700	1384	7610
年保玉则	100	551	172	947	1651	9078	1923	10576
多可河	82	451	43	238	111	610	236	1299
通天河沿	1699	9343	1443	7935	3424	18831	6565	36109
东仲	183	1008	171	940	398	2190	752	4138
江西	327	1805	873	4791	5267	29625	6467	36221
白扎	210	1157	481	2645	297	1636	989	5438
昂塞	402	2212	109	597	161	885	672	3694
单曲	459	2522	148	813	—	—	606	3335
索加—曲麻河	690	3795	1064	5853	767	4219	2521	13867
格拉丹东	11	56	131	731	361	1326	503	2113
约古宗列	534	2938	331	1819	814	4477	1679	9234
扎陵—鄂陵湖	86	472	141	778	119	652	346	1902
果宗木查	483	2658	435	2395	1317	7244	2236	12297
玛可河	169	932	211	1158	1008	5546	1388	7636
总计	9721	43566	9864	43254	22776	125270	40562	223090

数据来源：《青海三江源自然保护区生态保护和建设总体规划》。

表3-9 三江源自然保护区各功能区人口承载情况

地区	现住人口（人）	现住户数（户）	承载人口（人）	承载户数（户）	需移民人数（人）	需移民户数（户）
麦秀	16389	2980	13602	2473	2787	507
中铁—军功	48293	8781	24899	4527	23394	4253
阿尼玛卿	2939	534	2939	534	—	—
星星海	7610	1384	7610	1384	—	—
年保玉则	10576	1923	8059	1465	2517	458
多可河	1299	236	830	155	469	85

续表

地区	现住人口（人）	现住户数（户）	承载人口（人）	承载户数（户）	需移民人数（人）	需移民户数（户）
通天河沿	36109	6565	16234	2952	19875	3614
东仲	4138	752	4138	752	—	—
江西	36221	6467	5092	926	31129	5541
白扎	5438	989	5438	989	—	—
昂塞	3694	672	1872	340	1822	331
单曲	3335	606	3335	606	—	—
索加—曲麻河	13867	2521	13867	2521	—	—
格拉丹东	2113	503	2115	503	—	—
约古宗列	9234	1679	6263	1139	2971	540
扎陵—鄂陵湖	1902	346	1902	346	—	—
果宗木查	12297	2236	12297	2236	—	—
玛可河	7636	1388	3242	5889	4394	799
合计	223090	40562	133731	24315	89358	16129

数据来源：《青海三江源自然保护区生态保护和建设总体规划》。

从2003年到2010年，三江源生态移民工程共投资6.31亿元，计划实施生态移民10140户、55771人，实际安置移民10733户、53921人。其中集中安置9607户、49068人，并建成生态移民社区共85个（表3-10）。

表3-10　2003—2010年三江源自然保护区生态移民社区情况统计表

地区	迁出地	社区个数（个）	户数（户）	人数（人）	迁入地	计划年度
总计		85	9607	49068		
玉树州合计		33	4446	24795		
玉树县	巴塘乡	1	190	1151	县城东尼格巴塘移民社区	2006
	隆宝镇	1	73	344	县城加吉娘隆宝镇移民社区	2007年、2008年第一批
		1	12	56	隆宝镇移民社区	
	仲达乡	1	112	629	县城东尼格仲达乡移民社区	2009
	安冲乡	1	146	825	县城东尼格安冲乡移民社区	2009
	小苏莽乡	1	270	1520	县城东尼格小苏莽乡移民社区	2009
	小计	6	803	4525		

续表

地区	迁出地	社区个数（个）	户数（户）	人数（人）	迁入地	计划年度
囊谦县	毛庄乡	1	23	91	县城毛庄乡移民社区	2005
	尕羊乡	1	144	805	县城尕涌乡移民社区	2006
	着晓乡	1	228	1623	县城着晓乡移民社区	2007 年、2008 年第一批
	东坝乡	1	76	395	县城东坝乡移民社区	
	觅扎乡	1	170	960	县城白扎乡生态移民社区	2010
	娘拉乡	1	101	568	县城娘拉乡生态移民社区	2010
	吉曲乡	1	210	1185	县城吉曲乡生态移民社区	2010
	吉尼赛乡	1	136	766	县城吉尼赛乡生态移民社区	2010
	小计	8	1088	6393		
杂多县	莫云乡	1	79	441	县城夏果滩莫云乡移民社区	2005
	查旦乡	1	143	775	县城夏果滩查旦乡移民社区	
	扎青乡	1	186	1047	县城塔那滩扎青乡移民社区	2008 年第三批
	阿多乡	1	119	673	县城塔那滩阿多乡移民社区	2009
	昂赛乡	1	95	533	县城塔那滩昂赛乡移民社区	2009
	小计	5	622	3469		
治多县	索加乡	1	210	946	县城索加乡移民社区	2005
	扎河乡	1	56	211	扎河乡移民社区	2007 年、2008 年第一批
	立新乡	1	192	1085	县城立新乡移民社区	2009
	小计	3	458	2242		
称多县	扎朵镇	1	43	186	扎朵镇移民社区	2004
	珍秦乡	1	70	313	珍秦乡移民社区	2007 年、2008 年第一批
	拉布乡	1	184	1039	县城拉布乡移民社区	2008 年第三批
	歇武镇	1	182	1028	歇武镇生态移民社区	2010
	称文镇	1	158	892	县城称文镇生态移民社区	2010
	尕朵乡	1	280	1578	县城尕朵乡生态移民社区	2010
	小计	6	917	5036		

续表

地区	迁出地	社区个数（个）	户数（户）	人数（人）	迁入地	计划年度
曲麻莱县	曲麻河乡	1	240	1368	格尔木市昆仑民族文化村	2004
	叶格乡	1	118	675	县城约改滩镇河源新村移民社区	
	东风乡	1	31	130	县城约改滩镇东风乡移民社区	2005
	麻多乡	1	122	688	县城麻多乡移民社区	2009
	巴干乡	1	47	269	县城巴干乡移民社区	2009
	小计	5	558	3130		
果洛州合计		22	2011	9531		
达日县	特合土乡	1	65	357	县城特合土乡移民社区	2005
甘德县	下藏科乡	1	43	211	县城移民社区	2006
	岗龙乡	1	108	475	大武镇移民社区	
	小计	2	151	686		
久治县	索乎日麻乡	1	113	565	索乎日麻乡移民社区	2004
	白玉乡	1	93	465	白玉乡移民社区	2004
	哇赛乡	1	29	159	县城哇赛乡移民社区	2005
	门堂乡	1	60	276	县城门堂乡移民社区	2006
	智青松多镇	1	39	223	县城智青松多镇移民社区	2009
	小计	5	334	1688		
玛沁县	当洛乡	1	143	541	县城当洛乡移民社区	2005
	优云乡	1	147	578	县城优云乡移民社区	
	昌麻河乡	1	151	624	县城昌麻河乡移民社区	2007 年、2008 年第一批
	雪山乡	1	24	135	县城大武镇移民社区	2009
	下大武乡		57	324		
	拉加镇		34	193		
	东倾沟乡		5	28		
	大武乡		14	80		
	小计	4	575	2503		

续表

地区	迁出地	社区个数（个）	户数（户）	人数（人）	迁入地	计划年度
班玛县	知钦乡	1	30	165	知钦乡移民社区	
		1	29	160	县城知钦乡移民社区	
	亚尔堂乡	1	84	472	县城亚尔堂乡移民社区	2009
	灯塔乡	1	68	384	县城灯塔乡移民社区	2009
	塞莱塘镇	1	46	262	县城塞莱塘镇移民社区	2009
	江日堂乡	1	99	561	县城江日堂乡移民社区	2009
	小计	6	356	2004		
玛多县	黄河乡	1	129	645	县城三岔口移民社区	2004
	黑河乡	1	68	340	野牛沟移民社区	2004
	扎陵湖乡	1	144	596	大武镇扎陵湖乡移民社区	2007年、2008年第一批
	黄河乡、黑河乡	1	189	712	同德牧场果洛新村移民社区	2007年、2008年第一批
	小计	4	530	2293		
海南州合计		13	1738	8177		
同德县	尕巴松多镇	1	100	375	北巴滩移民社区	2004
		1	100	375	尕群移民社区	
	唐干乡	1	150	904	县城科加滩唐干乡移民社区	2005
	谷芒乡	1	150	866	县城科加滩谷芒乡移民社区	2005
	河北乡	1	100	640	河北乡移民社区	2005 2006
	秀麻乡	2	173	758	县城民中台、科加滩移民社区	2008年第二批
	小计	7	773	3918		
兴海县	唐乃亥乡	1	100	375	县城唐乃亥乡移民社区	2004
	温泉乡	1	100	375	温泉乡移民社区	
	温泉乡	1	100	461	县城温泉乡移民社区	2005
	曲什安乡	1	120	660	县城曲什安乡移民社区	2005
	中铁乡	1	263	1154	青根河移民社区	2008年第二批
	龙藏乡	1	282	1234	县城龙藏乡移民社区	2009年第二批
	小计	6	965	4259		

续表

地区	迁出地	社区个数（个）	户数（户）	人数（人）	迁入地	计划年度
黄南州合计		16	1284	5925		
河南县	宁木特乡	1	25	94	宁木特乡移民社区	2004
	宁木特乡梧桐村	1	122	830	梧桐村移民社区	2007年、2008年第一批
	优干宁镇	1	86	323	县城优干宁镇移民社区	2004
	优干宁镇	1	47	202	县城优干宁镇德日龙移民社区	2005
	宁木特乡	1	39	167	宁木特乡卫拉移民社区	2005
	小计	5	319	1616		
泽库县	和日乡	1	100	375	和日乡移民社区	2004
	多福顿乡	1	30	112	多龙村移民社区	2004
	宁秀乡	1	70	263	宁秀乡移民社区	2004
	多福顿乡	1	69	363	多福顿乡移民社区	2005
	多福顿乡	1	47	221	多龙村移民社区	2005
	多福屯乡	1	71	355	龙藏村移民社区	2007年、2008年第一批
	多福顿乡多禾茂乡	1	162	486	隆务镇党校移民社区	2005
	多禾茂乡	1	51	283	县城琐乃亥镇移民社区	2005
	西卜沙乡	1	125	569	隆务镇拉卡移民社区	2006
	多禾茂乡	1	176	994	多禾茂乡移民社区	2005
	宁秀乡	1	64	288	宁秀乡移民社区	2006
	小计	11	965	4309		
格尔木市唐古拉山乡		1	128	640	唐古拉山乡移民社区	2004

资料来源：三江源办公室生态移民组。

二、三江源生态移民工程的复杂性

不同于三峡水库移民、内蒙古生态移民、宁夏生态移民，三江源生态移民有其特殊性，特别是其生产方式的独特性和角色变化的突变性，都是其他地区的生态移民所不具有的。

一是三江源地区的特殊性。三江源地区是重要的生态功能区、经济社会发展滞后区、自我发展能力薄弱区，同时也是全国的主要藏区；89%以上的人口为藏族，这里基本全民信仰藏传佛教，教派齐全、寺多僧多，宗教信仰浓厚，三江源生态移民问题关乎三江源地区的长治久安。

二是三江源生态移民工程的艰巨性。三江源地区 17 个县中，有 8 个国定贫困县和 9 个省定贫困县，贫困人口占三江源地区总人口的 70%以上，贫困发生面积大、困难深。大部分三江源生态移民又属于“少畜户”或“无畜户”，贫困人口众多；三江源地区基本属于“零工业”发展地区，地方财政困难，经济基础薄弱；三江源生态移民的迁入地环境依然比较艰苦，社会经济发展水平低；生态移民工程是一个复杂的系统工程，工程时间周期长、跨度大、涉及面广、利益群体复杂。从某种意义上说，三江源生态移民工程完全是在探索中实施、在实施中探索的。因此，在这种情况下，如何实现三江源生态移民“搬得出、稳得住、能致富”，对各级政府来讲是一项巨大的挑战。

三是三江源生态移民的多重属性。三江源生态移民不同于其他地区的生态移民，集“工程移民”与“生态移民”于一体，同时又兼具生态、经济、民族、文化四重属性。移民工程不仅是移民的社会、经济、文化及心理变迁的复杂过程，也是其社会资源、经济资源、人力资源重新整合的过程，更是其社会关系重构的过程。

第四节　三江源生态移民的实施情况

一、三江源生态移民的安置方式

在生态移民的安置过程中，安置方式极为重要，不同的安置方式可以产生不同的安置效果。在国内的移民实践中，主要采取的安置方式为无土安置与有土安置；在形式上又可以细分为集中安置与分散安置两种①。无土安置是指为移民提供一份具有稳定收入的工作，即非农化的安置；有土安置则是指为移民提供土地，是以土地为生产对象的安置方式。有土安置又可以分为集中安置与分散安置。集中安置是指将整个村社搬迁到统一安置的地区，这种方式往往搬迁压力比较大；分散安置是指将移民安置到不同地区，这种安置方式对于人口稠密、土地资源匮乏的地区比较可行。

① 张灵俐．近三十年来生态移民研究述评［J］．东北农业大学学报：社会科学版，2014（6）．

按照《青海三江源自然保护区生态保护和建设总体规划》，三江源生态移民可以分为永久性移民[①]和十年禁牧移民[②]。针对三江源生态移民的特点及“政府引导、牧民自愿”的原则，三江源生态移民安置主要采取集中安置与自主安置相结合的方式进行。集中安置是指由政府统一组织，建设统一的住房，并规划社区和后续产业；自主安置是指由移民自己决定投亲靠友，或另谋他路。集中安置的地点主要选择临近州、县、乡（镇）所在地的集镇，分为乡内安置、跨乡（县内）安置、跨县安置、跨州安置四种；自主安置则是由政府补贴一部分资金，移民自己决定迁入地。由于自主安置这一部分移民居住的特别分散，课题组在调研中历经查找，仅找到 2 户，没有形成一定的样本量，因此本书研究对象主要是集中安置的移民。

（一）乡内安置

乡内安置是指将移民从生态保护区迁往其所在的乡（镇）政府所在地进行安置。这种安置方式主要依托处在交通要道的乡（镇）所在地的区位优势，建立集中的生态移民新区。由于不存在行政隶属关系的改变，搬迁距离较近，搬迁协调成本较低。

（二）跨乡（县内）安置

跨乡（县内）安置是指将移民从生态保护区迁往县政府所在地的集镇或周边进行安置。由于各县对跨乡（县内）安置的移民采取统一集中安置的方式，一般会集中几个乡的移民，统一划归地块，建立移民社区。例如，兴海县中铁、莫多、龙藏社区，同德县科加滩、共和县工人俱乐部社区，玛沁县的大武镇移民社区，玉树县的加吉娘移民社区都是跨乡（县内）集中安置的社区。跨乡（县内）安置的移民社区规模比较大，社区管理问题较多，但从长远看这种安置模式可以充分利用县城良好的基础条件，便于移民就医、子女上学与基础设施的共享，加快移民融入当地社会的步伐，也是三江源生态移民最主要的安置方式。

---

① 永久性移民是指移民搬迁后不再回迁，草场实行永久禁牧；永久性移民大多是从核心区搬迁出来的。

② 十年禁牧移民是指移民搬迁后，草场实行十年禁牧，十年以后移民可自行选择回迁。

(三) 跨县安置

跨县安置是指将移民从生态保护区迁往另一个县政府所在地，一般是所在州的州政府所在地进行安置。例如，玛沁县格桑滩的甘德县移民社区，同仁县党校移民社区、拉卡移民社区都是跨县安置的社区。这种安置方式相对而言安置规模比较小，社区管理存在一定难度。

(四) 跨州安置

跨州安置是指将移民从生态保护区迁往另一个州（市）进行安置。例如，同德县的玛多移民的果洛新村，格尔木市的曲麻莱移民的昆仑文化新村都属于跨州安置的社区。跨州移民由于存在隶属关系的改变，社区管理问题比较多。

三江源生态移民主要采取集中安置，自主安置方式为辅。其中，跨乡（县内）安置7361户、38101人；乡内安置2377户、11504人；跨县安置566户、2236人；跨州安置429户、2080人（表3-11）。四种安置方式中，跨乡（县内）安置占68.58%，乡内安置占22.15%，跨县安置占5.27%，跨州安置占4%。跨乡（县内）安置比例最大，是最主要的安置方式，其次是乡内安置。表3-12为《青海三江源自然保护区生态保护和建设总体规划》生态移民工程实施情况表。

表3-11　三江源生态移民安置构成

所在州	跨乡（县内）安置		乡内安置		跨县安置		跨州安置		各州合计	
	户数（户）	人数（人）	户数（户）	人数（人）	户数（户）	人数（人）	户数（户）	人数（人）	户数（户）	人数（人）
玉树州	4559	24648	586	2805	0	0	240	1368	5385	28821
果洛州	1184	5719	433	2250	279	1181	189	712	2085	9862
海南州	1338	6412	400	1765	0	0	0	0	1738	8177
黄南州	152	682	958	4684	287	1055	0	0	1397	6421
格尔木市	128	640	0	0	0	0	0	0	128	640
合计	7361	38101	2377	11504	566	2236	429	2080	10733	53921

数据来源：调研数据整理。

表 3-12　青海三江源自然保护区生态保护和建设总体规划生态移民工程实施情况表

项目州县实施情况			合计		集中安置		自主安置		2004年实施		2005年实施		2006年实施		2007、2008年第一批实施		2007、2008年第二批实施		2008年第三批实施		2009年实施		2010年实施	
迁出地点		迁入地点	户数（户）	人数（人）	户数（户）	人数（人）	户数（户）	人数（人）	户数（户）	人数（人）	户数（户）	人数（人）	户数（户）	人数（人）	户数（户）	人数（人）	户数（户）	人数（人）	户数（户）	人数（人）	户数（户）	人数（人）	户数（户）	人数（人）
总计			10733	53921	9607	49068	1126	4853	2066	9441	2175	10879	724	3828	1870	8680	713	3128	370	2086	1578	8902	1237	6977
玉树州合计			5385	28821	4446	24795	939	4026	705	3636	616	3148	390	2269	964	4483			370	2086	1103	6222	1237	6977
玉树县合计			803	4525	803	4525							190	1151	85	400					528	2974		
玉树县	巴塘乡	结古镇	190	1151	190	1151							190	1151										
玉树县	隆宝镇	结古镇73户344人、隆宝镇12户56人	85	400	85	400									85	400								
玉树县	仲达乡	结古镇	112	629	112	629															112	629		
玉树县	安冲乡	结古镇	146	825	146	825															146	825		
玉树县	小苏莽乡	结古镇	270	1520	270	1520															270	1520		
囊谦县	毛庄乡	香达镇	153	856	23	91	130	765			153	856												
囊谦县	尕涌乡	香达镇	200	1118	144	805	56	313					200	1118										
囊谦县	东坝乡	香达镇	123	642	76	395	47	247							123	642								
囊谦县	着晓乡	香达镇	452	2142	228	1623	224	519							452	2142								
囊谦县	白扎乡	香达镇	170	960	170	960																	170	960
囊谦县	娘拉乡	香达镇	101	568	101	568																	101	568
囊谦县	吉曲乡	香达镇	210	1185	210	1185																	210	1185
囊谦县	吉尼赛乡	香达镇	136	766	136	766																	136	766
囊谦县合计			1545	8237	1088	6393	457	1844			153	856	200	1118	575	2784							617	3479

续表

项目州县实施情况			合计		集中安置		自主安置		2004年实施		2005年实施		2006年实施		2007、2008年第一批实施		2007、2008年第二批实施		2008年第三批实施		2009年实施		2010年实施	
称多县	扎朵镇	扎朵镇	137	594	43	186	94	408	137	594														
	珍秦乡	珍秦乡	224	997	70	313	154	684							224	997								
	拉布乡	称文镇	184	1039	184	1039													184	1039				
	歇武镇	歇武镇	182	1028	182	1028																	182	1028
	称文镇	称文镇	158	892	158	892																	158	892
	尕朵乡	称文镇	280	1578	280	1578																	280	1578
称多县合计			1165	6128	917	5036	248	1092	137	594					224	997			184	1039			620	3498
治多县	索加乡	加吉博洛镇	210	946	210	946					210	946												
	扎河乡	加吉博洛镇	80	302	56	211	24	91							80	302								
	立新乡	加吉博洛镇	192	1085	192	1085															192	1085		
治多县合计			482	2333	458	2242	24	91			210	946			80	302					192	1085		
杂多县	结多乡	萨乎腾镇	210	999			210	999	210	999														
	查旦乡	萨乎腾镇	143	775	143	775					143	775												
	莫云乡	萨乎腾镇	79	441	79	441					79	441												
	扎青乡	萨乎腾镇	186	1047	186	1047													186	1047				
	阿多乡	萨乎腾镇	119	673	119	673															119	673		
	昂赛乡	萨乎腾镇	95	533	95	533															95	533		
杂多县合计				832	4468	622	3469	210	999	210	999	222	1216							186	1047	214	1206	

续表

项目州县实施情况			合计		集中安置		自主安置		2004年实施		2005年实施		2006年实施		2007、2008年第一批实施		2007、2008年第二批实施		2008年第三批实施		2009年实施		2010年实施	
曲麻莱县	叶格乡	格尔木市73户365人、约改镇83户415人	156	780	156	780			156	780														
曲麻莱县	曲麻河乡	格尔木市167户1003人、约改镇35户260人	202	1263	202	1263			202	1263														
曲麻莱县	约改镇	约改镇	31	130	31	130					31	130												
曲麻莱县	巴干乡	约改镇	47	269	47	269															47	269		
曲麻莱县	麻多乡	约改镇	122	688	122	688															122	688		
曲麻莱县	果洛州		2085	9862	2011	9531	74	331	433	2165	443	1960	211	962	528	2113					470	2662		
曲麻莱县合计			558	3130	558	3130			358	2043	31	130									169	957		
玛沁县	当洛乡	大武镇	143	541	143	541					143	541												
玛沁县	优云乡	大武镇	147	578	147	578					147	578												
玛沁县	昌麻河乡	大武镇	162	670	151	624	11	46							162	670								
玛沁县	雪山乡	大武镇	24	135	24	135															24	135		
玛沁县	下大武乡	大武镇	57	324	57	324															57	324		
玛沁县	拉加镇	大武镇	34	193	34	193															34	193		
玛沁县	东倾沟乡	大武镇	5	28	5	28															5	28		
玛沁县	大武镇	大武镇	14	80	14	80															14	80		
玛沁县合计			586	2549	575	2503	11	46			290	1119			162	670					134	760		

续表

项目州县实施情况			合计		集中安置		自主安置		2004年实施		2005年实施		2006年实施		2007、2008年第一批实施		2007、2008年第二批实施		2008年第三批实施		2009年实施		2010年实施	
班玛县	知钦乡	知钦乡30户165人、赛来塘镇29户160人	59	325	59	325					59	325												
班玛县	亚尔堂乡	赛来塘镇	84	472	84	472															84	472		
班玛县	灯塔乡	赛来塘镇	68	384	68	384															68	384		
班玛县	赛来塘镇	赛来塘镇	46	262	46	262															46	262		
班玛县	江日堂乡	赛来塘镇	99	561	99	561															99	561		
班玛县合计			356	2004	356	2004					59	325									297	1679		
达日县	特合土乡	吉迈镇	65	357	65	357					65	357												
达日县	久治县		364	1838	334	1688	30	150	236	1180	29	159	60	276							39	223		
达日县	索乎日麻乡	索乎日麻乡	113	565	113	565			113	565														
达日县	白玉乡	白玉乡	123	615	93	465	30	150	123	615														
达日县	哇赛乡	智青松多镇	29	159	29	159					29	159												
达日县	门堂乡	智青松多镇	60	276	60	276							60	276										
达日县	智青松多镇	智青松多镇	39	223	39	223															39	223		
达日县合计			65	357	65	357					65	357												

续表

项目州县实施情况			合计		集中安置		自主安置		2004 年实施		2005 年实施		2006 年实施		2007、2008 年第一批实施		2007、2008 年第二批实施		2008 年第三批实施		2009 年实施		2010 年实施	
玛多县	黄河乡	玛查理镇 103 户 515 人、同德牧场 92 户 346 人	198	872	195	861	3	11	103	515					95	357								
	黑河乡	玛查理镇 26 户 130 人、野牛沟 68 户 340 人、同德牧场 97 户 366 人	194	848	191	836	3	12	94	470					100	378								
	扎陵湖乡	大武镇	171	708	144	596	27	112							171	708								
玛多县合计			563	2428	530	2293	33	135	197	985					366	1443								
甘德县	下藏科乡	大武镇	60	235	60	235							60	235										
	岗龙乡	大武镇 48 户 238 人、柯曲镇 43 户 213 人	91	451	91	451							91	451										
	海南州		1738	8177	1738	8177			400	1500	597	3384	23	147			713	3128			5	18		
甘德县合计			151	686	151	686							151	686										
同德县	尕巴松多镇	尕巴松多镇	200	750	200	750			200	750														
	唐干乡	尕巴松多镇	150	904	150	904					150	904												
	谷芒乡	尕巴松多镇	150	866	150	866					150	866												
	河北乡	河北乡	100	640	100	640					77	493	23	147										
	秀麻乡	尕巴松多镇	173	758	173	758											173	758						
同德县合计				773	3918	773	3918			200	750	377	2263	23	147			173	758					

续表

项目州县实施情况			合计		集中安置		自主安置		2004年实施		2005年实施		2006年实施		2007、2008年第一批实施		2007、2008年第二批实施		2008年第三批实施		2009年实施		2010年实施	
兴海县	温泉乡	子科滩镇100户461人、温泉点100户375人	200	836	200	836			100	375	100	461												
兴海县	唐乃亥乡	子科滩镇	100	375	100	375			100	375														
兴海县	曲什安乡	子科滩镇	120	660	120	660					120	660												
兴海县	中铁乡	子科滩镇	263	1154	263	1154											263	1154						
兴海县	龙藏乡	子科滩镇	282	1234	282	1234											277	1216			5	18		
兴海县	黄南州		1397	6421	1284	5925	113	496	400	1500	519	2387	100	450	378	2084								
兴海县合计			965	4259	965	4259			200	750	220	1121					540	2370			5	18		
泽库县	多福顿乡	隆务镇党校160户480人、隆武镇拉卡89户407人、多福顿乡69户363人、多龙村77户333人、龙藏村71户355人、泽曲镇5户18人	471	1956	471	1956			30	112	209	753			232	1091								
泽库县	宁秀乡	宁秀乡	134	551	134	551			70	263			64	288										
泽库县	和日乡	和日乡	100	375	100	375			100	375														
泽库县	多禾茂乡	多禾茂乡176户994人、泽曲镇46户265人、隆务镇党校2户6人	224	1265	224	1265					224	1265												
泽库县	西卜沙乡	隆务镇拉卡	36	162	36	162							36	162										
泽库县合计			965	4309	965	4309			200	750	433	2018	100	450	232	1091								

续表

项目州县实施情况			合计		集中安置		自主安置		2004年实施		2005年实施		2006年实施		2007、2008年第一批实施		2007、2008年第二批实施		2008年第三批实施		2009年实施		2010年实施	
河南县	宁木特乡	宁木特乡	198	1188	149	932	49	256	50	187	2	8			146	993								
河南县	优干宁镇	优干宁镇133户525人、宁木特乡37户159人	234	924	170	684	64	240	150	563	84	361												
河南县	格尔木市		128	640	128	640			128	640														
河南县	唐古拉乡	格尔木市	128	640	128	640			128	640														
河南县合计			432	2112	319	1616	113	496	200	750	86	369			146	993								

二、三江源生态移民的安置政策

为实现“搬得出、稳得住、能致富”的目标，三江源生态移民工程以自愿搬迁为原则。在搬迁之前，县乡干部深入农户，了解实际情况，并带领群众到迁入地社区进行实地考察，了解移民搬迁后的居住环境，做好动员工作。

在移民具体安置政策方面，工程规划为每户牧民修建定居房屋、牲畜暖棚及其他生产生活设施，并为每个移民补助400元搬运费。但在实际执行过程中，每户住房面积由规划设计的45平方米提高到60平方米（青海省新农村建设标准为每户60—80平方米），并为每户修建了牛粪房，但畜棚面积降为30-40平方米，除2004年实施的项目建有畜棚外，有的甚至未建①。人均投资标准也由原来的1.13万元提高到1.93万元，由中央按人均0.8万元进行补贴。除此之外，工程还实施了生活困难补助、燃料支出补助、草原生态奖补助、“1+9+3”教育经费补助及相关产业、就业资金政策支持。

（一）生活困难补助

从2009年开始，为了切实解决生态移民生活困难的问题，保障三江源地区易地搬迁群众的生活水平，根据《青海省政府办公厅关于对三江源生态移民困难群众发放生活困难补助的通知》（青政办〔2009〕76号）精神，对易地搬迁困难群众，人均饲料粮补助达不到上年全省农牧民人均纯收入的（以上年度全省农牧民人均纯收入与人均饲料粮补助的差额为标准），55周岁以上（含55周岁）、16周岁以下（含16周岁、除超生子女外）的人员，按不足部分发放生活困难补助，发放标准为每人每年5600元（之前为1600元）。生活困难补助在一定程度上弥补了移民家庭的生活支出，也成为移民家庭一项重要的政策性收入。

（二）燃料支出补助

一直以来，三江源地区的牧民群众采用牛粪充当生活燃料，现由于退牧还草、减畜禁牧等一系列生态保护工程的实施，造成牛粪短缺。三江源地区

① 按照投资标准可以算出，计划每户投资36000元的房屋建设费，24000元的畜棚建设资金，再加上搬运补助，与人均投资11300元是基本持平的。然而随着住房面积的扩大，房屋造价的提高，加上牛粪房建设，人均11300元的投资标准就很低了。从国家畜牧业的发展与今后小城镇建设来看，生态移民进入城镇后从事畜牧业显然是不合适的。

地处偏远，煤炭运输距离长、价格高，且取暖时间较长，广大移民生活成本增加。

从2006年开始，国家开始对搬迁移民发放取暖及生活燃料补助，其中玉树州、果洛州生态移民每年每户补助1000元，海南州、黄南州每年每户补助500元。自2009年开始，鉴于三江源地区冬季采暖时间长和现行补助标准较低的实际情况，省政府印发了《青海省生态移民燃料补助费发放管理办法》（青财建字〔2009〕1178号），提高了对三江源地区生态移民和退牧还草的群众的燃料补贴标准，对玉树州、果洛州及格尔木市唐古拉山乡镇易地搬迁群众家庭每年每户补助2000元，对海南州、黄南州和果洛州同德牧场的易地搬迁群众家庭每年每户补助800元。

2014年，随着物价上涨，燃料成本的提高，青海省政府又发布了《关于进一步促进三江源地区易地搬迁群众可持续发展的意见》（青政〔2014〕77号），再次提高了燃料补贴标准，将玉树、果洛及格尔木市唐古拉山乡镇易地搬迁群众家庭每年每户的补助标准提高到了3000元；将海南、黄南州易地搬迁群众家庭每年每户的补助增至2000元。

（三）饲料粮变现补助与草原生态奖补政策

为保证退牧还草项目的顺利实施，满足广大牧民正常的生产生活需求，自2005年开始，青海省对退牧还草牧户实行饲料粮变现补助，其中，整体搬迁户每年每户补助8000元，集中安置和自主安置户中有草原证的每年每户补助6000元，无草原使用证的每年每户补助3000元，以草定畜户的每年每户补助3000元。通过饲料粮变现补助，有效促进了牧民减畜禁牧的积极性。

2011年后，国家全面实行草原生态补助奖励机制，将饲料补助改为草原生态补助奖励[①]。其中，对禁牧的草场每公亩（1公亩=100平方米）每年补助90元；对禁牧以外的草场，按照载畜量核算，每公亩每年补助22.5元；但自新一轮的草原补奖政策周期（2016—2020年）开始，由于地区间草原面积、草原生产力和经济发展差异较大，全省在确定最高与最低的基础标准后，在“封顶保底”的原则下，各州动态调整了补助标准。就果洛州而言，禁牧

① 2011年到2015年为青海省实施草原生态补助奖励政策的第一轮周期，2016年到2020年为实施草原生态补助奖励政策的第二轮周期。

补助标准由原来的5元提高到6.4元；对未超载的牧户每公亩奖励标准由1.5元提高到2.5元。由于各州县草山大小、品质差距，各县间的草补差距很大，最高为玛多，人均达8793.5元；最低为甘德，人均1404元。

（四）“1+9+3”教育经费补助

为了解决移民子女上学问题，经过各级政府及相关部门的共同努力，在生态移民配套设施建设中列入中小学的扩建和改建投资项目，基本解决了生态移民子女上学难的问题。同时，为了提高移民子女接受教育的积极性，减轻子女上学家庭的经济负担，实施了“1+9+3”教育经费补助政策。“1+9+3”指的是学前教育一年（幼儿园大班和附设在小学的学前班）、九年义务教育、高中三年（或中等职业）教育。具体补偿内容：对学前一年在校（园）就读幼儿免除保育教育费，并每月给予300元的生活补助；对在九年义务教育阶段就读的学生每月补助200元；高中三年就读的学生每年补助1000元。对教育部门统一组织异地就读的初中、高中、中职的学生每年分别给予4500元、5500元、6500元的补助；分别对当年考入普通高校本、专科学校的农牧民家庭的学生，一次性给予10000元和6000元的补助。

（五）产业支持政策

为帮助移民发展后续产业，青海省政府设立生态移民后续产业创业扶持资金，以帮助生态移民自主创业，并按照《青海三江源自然保护区生态移民创业扶持资金管理办法》（青财建字〔2009〕1180号）进行发放，资金的借款年限为2年，最长不得超过3年。其中，个人金额最高不超过5万元，集体按照10万元到50万元、分项目进行支持，扶持项目涉及旅游、农畜产品加工、手工艺品加工、家庭养殖、运输、修理、采集等行业。为支持后续产业发展，政府制定了一系列的帮扶政策，对进城从事个体工商或创办私营企业的移民，只登记备案，免于工商注册；放宽经营范围，5年内免征工商行政管理费；对从事增值应税项目的个体经营户，5年内视同达不到规定的增值税起征点，免征增值税；对从事个体经营的，雇工人数在7人以下的个体企业，自领取征税证之日起，五年内免征营业税、城建税、教育附加费和所得税，免收税务登记证工本费；对雇工人数在7人以上的，除免收税务登记证工本费外，按其雇工总人数的比例，增加1%、减轻应缴纳税款的3%；对生态移民人数占雇工人数的比例超过3%的，5年内免征全部应缴税。此外，对于在三江源地区实施的基础设施项目，在投标文件中规定必须吸纳20%以上的生态移民作为劳动力，并对其进行培训。政府通过资金支持、政策帮扶，在一定程度上带动了移民就业、创业、从事第三产业的积极性。

（六）生态管护员补助政策

为加强草原核查监督，青海省自2012年开始增设生态管护员岗位，每5万亩草原牧区设置一个草原管护公益性岗位，每人每月按1400元发放管护工资。经过一段时间的实施，生态管护员在推进禁牧减畜、草原灾情预报等方面发挥了十分重要的作用。2015年，为了进一步加强草原生态管护，按照《青海省重点生态功能区草原日常管护经费补偿机制实施办法》的具体要求，青海省将原来的每5万亩草原设置1名生态管护员调整为每3万亩设置1名生态管护员，管护员的工资也调整为每人每月1800元，并初步建立了点成线、网成面的管护体系。自生态管护员项目实施以来，结合精准扶贫，三江源地区共聘用草原生态管护员总数达39890人，生态管护员工资成为广大移民政策性收入的主要来源之一。

（七）技能培训与转移就业补偿政策

技能是就业之基，培训是技能之源。各级政府为了提高农牧民参加技能培训的积极性，对参加培训的群众采取补贴制度。其中，参加州内培训的，每天补助20元的生活费；参加省内、省外技能的培训的，在补助生活费的基础上，分别一次性给予300元、800元的交通、住宿补助。对介绍农牧民在州外省内和省外跨地区转移就业满6个月以上的公共就业服务机构和职业中介机构，按实际就业人数分别给予每人300元、400元的职介补贴。对外出务工的农牧民，每人每年给予一次性交通补贴（其中，省内跨州就业的补贴为200元，跨省就业的补贴为600元）；对初次创业的生态移民，给予一次性5000元的创业奖励。

三、三江源生态移民安置进程

按照《青海三江源自然保护区生态保护和建设总体规划》的安排，计划从2003年开始，在五年内安置生态移民10140户、55771人。截至2010年生态移民项目全部完成时，实际项目实施了七年，共安置移民10733户、53921

人，建成移民社区 85 个，建设移民住房 64.4 万平方米①。三江源生态移民的具体安置进程见表 3-13。

表 3-13　三江源生态移民的具体安置进程

年度	安置人数		投资计划	
	计划安置人数（人）	实际安置人数（人）	计划投资（万元）	实际投资（万元）
2004 年	11000	9441	8800	8800
2005 年	11000	10879	8800	8800
2006 年	4000	3828	3200	3200
2007 年	5166	8680	4133	6944
2008 年	8728	5214	6982	4171
2009 年	8900	8902	7120	7121
2010 年	6977	6977	5582	5581
合计	55771	53921	44617	44617

数据来源：青海省三江源办移民组。

四、三江源生态移民的管理模式

移民管理是移民工作中的一项重要内容，三江源生态移民的管理体制为县、乡、村、组分级管理，县、乡（镇）人民政府是移民管理的主体，负责本辖区内移民的管理工作；移民村形成后，牧民由过去的分散居住变成集中居住，每个移民村形成了两套管理组织。一套是社区管理委员会，简称村委会，由移民选举产生；另一套是管理委员会，简称管委会，是迁出地政府的派出机构（乡镇级别），由管委会书记（负责人）负责；村委会直接受管委会的直接领导，因此形成了一种“管委会管村委会，村委会管移民”的特殊的管理模式。在管理方式上，移民的行政管理以迁出地管理为主，即由迁出地政府对移民村进行管理，涉及住房、发放补助、后续产业、社会保障、医疗卫生、教育、社区建设等诸多方面；社会管理方面的责任属于实施单位，即县级政府（具体由三江源生态保护与建设办公室负责）。

① 搬迁人口变化的原因：《青海三江源自然保护区生态保护和建设总体规划》是以 2004 年户均 5.5 人进行规划设计的。但随着家庭规模的不断缩小，要严格按照《青海三江源自然保护区生态保护和建设总体规划》中的人口要求是无法实施的，因此在具体实施过程中，只能对户数与人口进行调整，所以实际安置户数增加了 597 户，人口数减少了 1850 人。

在曲麻莱的昆仑民族文化新村，负责人向我们这样介绍他们的社区概况："2005 年，曲麻莱县政府成立了曲麻莱县生态移民昆仑民族文化村管理委员会，与曲麻莱县人民政府驻格尔木办事处合署办公。生态移民昆仑民族文化村至今一直没有建制。2012 年，经县委、县政府研究，成立了曲麻莱县驻格尔木社区，但 2016 年的时候，全国取缔各级办事处机构。为了加强管理和与格尔木市协调各项事宜及服务工作，2017 年县委、县人民政府成立了曲麻莱县驻格尔木党工委、生态移民驻格尔木管委会，负责移民的日常管理。我们现有工作人员 5 名。自 2006 年搬迁至今已有十几年，2018 年全村共有两个党支部、五个党小组，党员 92 名、团员 27 人、四个妇女小组，妇女委员 9 人，社区"两委"班子健全，其中支部委员 5 人，居委会成员 7 人。"

第五节　三江源生态移民工程的完成情况与效果

生态移民工程实施以来，三江源生态环境恶化趋势得到初步遏制，移民的生产生活方式发生了一定改变，教育和医疗等公共服务得到改善，生活品质不断提高，小城镇建设步伐明显加快。作为高原生态移民工程，三江源生态移民工程对特殊生态区域的移民方式进行了积极探索，极大推动了青海生态文明建设。

一、草原生态环境得到明显改善

通过以草定畜、局部地区禁牧、严格控制载畜量等生态保护措施，三江源自然生态环境逐步改善，草地产草量有了一定的提高，植被覆盖状况有所恢复，湿地生态功能有所增强，湖泊水域面积明显扩大，水源涵养能力整体提高，鼠害猖獗的势头得到遏制，生物多样性逐步恢复。例如，玛多县重现"千湖"景观，星罗棋布、波光粼粼、水草丰美的景象又回到了当前。

二、移民群众生活品质得到有效提高

通过移民工程的实施，牧民的生活条件得到了极大的改善，与迁出地相比，移民就医难、上学难、出行难、吃水难、看电视难的问题得到有效解决，从根本上改善了牧民的生活环境，有力地解决了移民在就医、就学、就业、

住房、出行等方面的问题，移民群众的生产生活品质得到提高。

三、移民群众就业方式得到一定转变

受自然环境制约和传统生产方式的影响，牧民之前过着逐水草而居的游牧生活，完全依靠天然草地季节性轮牧和采挖汉藏药资源的方式获得生产生活资料。通过实施生态移民工程，一大批牧民从大山和草原深处搬迁出来，改变了传统的生产生活方式，实现了由单一的畜牧业生产方式向劳务输出、养殖种植、商贸经营、民族手工艺品制作等多元化生产、就业方式转变，为其适应城镇化生活奠定了良好的基础。

四、移民群众劳动技能得到一定提升

为引导移民从事第二、第三产业，各县政府结合本地实际，组织移民开展养殖、种植、石刻、烹饪、汽车驾驶、民族手工艺品制作、服装加工等实用技术的培训，使移民掌握和提高劳动技能，拓宽了就业渠道，增强了适应新环境、参与社会竞争的能力。移民区有的青壮年劳动力通过外出打工、采挖虫草来增加家庭收入，还有部分移民自谋就业，从事跑运输、开商店、搞维修等。生态移民工程不仅提高了移民的劳动技能，拓展了增收渠道，而且通过使移民实践锻炼，增强了移民适应新环境、参与社会竞争的能力。

五、移民社区小城镇建设得到大力推进

生态移民工程加快了三江源地区小城镇建设的步伐。各项目实施县结合城镇化建设，通过集中安置移民方式及吸引零散自主安置牧户到县城定居方式，不仅改变了牧民长期分散定居的状况，而且聚集了人气，推进了集镇建设，为小城镇规模化发展奠定了基础；同时使三江源地区的城镇规模快速扩大，城镇化功能得到较大提高，有效推动了该地区的城镇化进程。

第四章

三江源生态移民城镇化情况分析

第一节　三江源地区城镇化情况

农业人口的城镇化是一个农业人口从农村居民向城市居民转变的复杂过程。对此学者提出了四个过程：一是农村劳动力向城镇转移的过程；二是城镇地域属性和城镇景观发生变化的过程；三是具有城镇生活意识、生活方式的转变过程；四是第二、第三产业向城镇集聚发展的过程。归纳起来，就是农业人口由于居住环境和身份改变所带来的生产、生活方式的转变，以及城镇人口的增长、城镇规模的扩大。可见，城镇化包含人口城镇化与城镇建设现代化的统一。

在魏庭玉看来，城镇是人类社会史上一种高度聚落的社会形态①。城镇不仅承载着一个地区经济、社会的各项发展要素及政府管理的行政职能，也是人口集聚的中心。不同于东部地区，三江源地区的城镇是在青海特定的自然、历史、社会条件下形成的，有其特殊性。从整个三江源地区的社会发展史来看，该地的多数城镇是 1949 年之后在原有的政府办公地兴建起来的，属于嵌入式发展的城镇。

在城镇数量与发展水平方面，三江源地区表现为城镇密度较低、城镇规模较小、城镇发展水平不高，截至 2020 年 11 月，共有城镇 45 个，占全省城镇总数的 30%；城镇密度为 1.1 个/万平方千米，城镇建设整体水平较低、质量差，城镇功能较为单一，对周边地区的辐射带动性差。

在城镇分布方面，三江源地区表现为城镇区域分布不均衡，城镇主要集中在州县府所在地的行政中心及主要道路沿线；在现有的 45 个城镇中，主要

① 魏庭玉．青海城镇发展的特点及城镇化［J］．青海师范大学学报：社会科学版，1990（4）：7-10.

以小型建制镇为主，多数为县级及其以下的建制镇和一般乡镇，只有玉树、同仁两个建制市，城镇规模小，缺乏完整的城镇体系。

在城镇人口方面，三江源地区表现为人少而分散，以牧业人口为主。截至2020年11月1日零时，三江源地区总人口为136.39万人，其中少数民族121.65万人，以藏族为主，占该地区人口总数的89.20%；城镇常住人口57.08万人，占该区常住人口的41.85%；城镇户籍人口28.07万人，占该区户籍人口的20.52%。

在城镇化水平方面，三江源地区各县的城镇化水平较低。2014年三江源地区城镇化率为28.5%，其中玉树州称多县的城镇化率数仅为8.35%。首先，称多县受自然与生态约束，气候高寒缺氧，该地区城镇因缺少人口聚集条件而无法扩大规模；其次，城镇分布较为分散，很难形成密集而相互呼应的城镇群；该地区第三产业发展滞后，市场发育程度低，使城镇发展缺乏内生动力与后劲。2014年三江源地区主要城镇的城镇化率见表4-1。

表4-1 2014年三江源地区主要城镇的城镇化率一览表

<table>
<tr><th>项目</th><th>项目县</th><th>城镇</th><th>常住人口（人）</th><th>城镇化率（%）</th></tr>
<tr><td>合计</td><td></td><td>45个</td><td>362226</td><td>28.5</td></tr>
<tr><td rowspan="10">玉树州</td><td rowspan="2">玉树县</td><td>结古镇</td><td>53962</td><td rowspan="2">47.16</td></tr>
<tr><td>隆宝镇</td><td>1704</td></tr>
<tr><td>杂多县</td><td>萨呼腾镇</td><td>20671</td><td>35.48</td></tr>
<tr><td rowspan="4">称多县</td><td>称文镇</td><td>2322</td><td rowspan="4">8.35</td></tr>
<tr><td>歇武镇</td><td>650</td></tr>
<tr><td>扎朵镇</td><td>325</td></tr>
<tr><td>珍秦镇</td><td>464</td></tr>
<tr><td>治多县</td><td>加吉博洛镇</td><td>12293</td><td>40.93</td></tr>
<tr><td>曲麻莱县</td><td>约改镇</td><td>8753</td><td>30.99</td></tr>
<tr><td>囊谦县</td><td>香达镇</td><td>18358</td><td>21.39</td></tr>
</table>

续表

项目	项目县	城镇	常住人口（人）	城镇化率（%）
果洛州	玛沁县	大武镇	20726	47.03
	甘德县	柯曲镇	3840	11.02
	久治县	智青松多镇	2859	10.96
	班玛县	赛来塘镇	4370	16.08
	达日县	吉迈镇	6593	21.27
	玛多县	玛查里镇	2211	27.86
		花石峡镇	947	
海南州	共和县	塘格木镇	2731	37.02
	贵南县	过马营镇	7918	22.98
	同德县	尕巴松多镇	12515	24.3
	兴海县	子科滩镇	11864	26.01
		曲什安镇	1977	
		河卡镇	5932	
黄南州	同仁县	隆务镇	25370	31.13
	泽库县	麦秀镇	1423	14.64
	河南县（河南蒙古族自治县）	优干宁镇	10853	27.56
海西州	格尔木市	唐古拉山镇	150	10

数据来源：青海省工程咨询中心。

我国正处于城镇化快速发展的时期，即城镇化由30%增长至70%的阶段。2019年我国常住人口城镇化率已达到60.60%，户籍人口的城镇化率为45.40%①。按照2014年国家公布的《国家新型城镇化规划（2014—2020年）》，到2020年我国常住人口的城镇化率要达到60%左右。2019年青海省的常住人口城镇化率为55.52%，低于全国5.08个百分点，相当于全国2014年的平均水平（表4-2）。三江源地区的城镇化水平更是远远低于全国平均水平。根据《青海省城镇体系规划（2015—2030年）》提出的目标，到2020年，三江源地区的城镇化率要达到45%，基本形成以玉树市为中心城市，小城市、小城镇（建制镇）有机协调的城镇体系；到2030年，三江源区的城镇

① 数据来源：《2018年国民经济和社会发展统计公报》。

化率要达到66%，城镇空间体系基本完善，城镇绿色发展、城镇化质量、城乡统筹发展、资源节约利用、节能减排成效显著。可见，三江源地区的城镇化任务比较艰巨。

表 4-2　2014—2019 年三江源地区常住人口城镇化率

单位:%

地区	2014 年	2015 年	2016 年	2017 年	2018 年	2019 年
果洛州	25.57	26.05	27.54	27.54	27.88	28.02
玉树州	33.01	33.20	35.17	36.65	36.65	36.85
黄南州	28.56	28.80	30.02	32.57	37.79	38.50
海南州	32.03	33.00	34.50	36.77	42.89	44.12
格尔木市	70.63	71.02	71.30	72.01	72.12	72.67
全省	49.78	50.30	51.63	53.07	54.47	55.52
全国	54.77	56.10	57.35	58.52	59.58	60.60

数据来源：2014—2020 年《青海统计年鉴》。

第二节　三江源地区小城镇建设与发展环境分析

一、三江源地区小城镇建设状况

自2004年生态移民工程实施开始，小城镇建设作为生态移民工程的配套项目也同时进行。2005—2010年，国家发展改革委下达三江源小城镇建设投资计划，投资29275万元，共建设小城镇45个。经过项目实施，各县移民区建成了居住房屋和庭院，并配套建成集中供水点、公共厕所、垃圾箱等，实现了各移民点水、电、路畅通。近年来，在原有移民点各项设施建成的基础上，各县移民区先后实施了高原美丽乡村项目、供水管网改造项目、道路硬化项目、移民点业务用房项目、房屋改造修缮等工程，进一步完善了移民点基础设施。

在城镇供暖方面，多数城镇现有取暖设备落后，部分建成较早的集中供暖设备老化。在本书课题组所调研的大部分移民社区中，以独立院落为主的移民社区仍采用以牛粪和煤为燃料的采暖设施，少数“上楼”的移民社区采用小型煤热锅炉或电炉、电暖器独立取暖，热效率低，不安全、不卫生。

在城镇供水方面，按照《青海三江源自然保护区生态保护和建设总体规划》需求，每个小城镇按5000米的供水管网进行设计。但实际算下来，平均每个小城镇为15千米，规划标准太低，部分安置地只能依靠现有供水管网和水源地。三江源地区极少数城镇有一个以上的集中供水水源地，大部分城镇只有一个集中供水水源地，多数移民安置社区以分散式的土井、机井等作为供水水源，少数“上楼”的移民社区可以使用自来水。仍有个别移民社区由于供水设施损坏，暂无供水能力，移民需要到其他社区或水源地自行打水，给生产生活带来不便。

在城镇供电方面，目前三江源地区的供电方式主要有电网供电和小水电供电。玉树州和果洛州的久治县、玛多县、班玛县未实现大电网供电，主要依靠地方小水电供电。小水电易受水期来水丰枯影响，供电不稳定，存在经常停电现象，供电量不能满足需求，严重影响人民群众生产生活。

在城镇道路建设方面，三江源地区现有城镇道路487.5千米（含城镇内国道和省道长度及玉树地区震后恢复重建规划路面长度），道路面积376.8公顷，人均道路面积长度1.4米，交通线路网密度0.1千米/公顷，低于国家城镇基础设施建设规范的要求。《青海三江源自然保护区生态保护和建设总体规划》中，道路设计为每人9平方米，造价为每平方米120元。后期由于工程建设资金紧张，多数社区虽进行了规划但未实施。之后国家多次开展道路硬化改造项目，部分移民安置社区除主干道部分是II级路面以外，其余路面等级均为III级或以下，病害路面和断头路面较多，次干道和支路尚未实现路面硬化，多为沙石土路，排水不畅，通行能力不良；少数“上楼”的移民社区由于纳入城镇基础设施改造工程，道路全部实现硬化。

在城镇排水和污水处理方面，三江源地区已建成的污水处理厂较少，多集中在县城所在地，城镇污水收集系统不完善，旧城区管网改造尚未完成，污水管网覆盖率不高，污水收集量较低。部分移民社区雨季道路积水严重，路面塌陷，出行不便。

在城镇生活垃圾无害化处理方面，三江源地区的生活垃圾处理厂较少，处理能力有限，移民社区的生活垃圾收集率不高，堆放无序，严重影响了社区整洁和生态环境。

在住房建设方面，自2004生态移民工程启动以来，在各级人民政府的共同努力下，现已建成移民住房 64.4 万平方米，移民群众从过去的帐篷、土木房搬到明亮宽敞的安置房。有的移民搬到了独立院落，有的移民搬到了单元楼，但大部分移民安置房以“独立院落”为主。考虑到移民群众的生产生活习惯，规划设计为生活住房一套、牛粪房一间、拥有宽敞院落的独立小院；有的社区每户建有独立旱厕，有的社区使用公共旱厕。

随着三江源生态建设与保护工程的开展和支持藏区经济社会发展政策的深入实施，以及玉树灾后恢复重建，近几年来三江源地区的城镇建设步伐明显加快。通过小城镇建设，基本改善了三江源生态移民的生活条件，移民用上了自来水，家中电气设备一应俱全，彻底改变了过去使用酥油灯照明，以牛粪充当生活燃料的局面；道路硬化方便了移民的交通出行，社区诊所让移民可以得到及时的治疗。但由于底子薄，历史欠账多，三江源地区小城镇基础设施仍然很薄弱，不能满足城镇发展需要；同时由于小城镇建设投资标准过低，资金到位缓慢，工程质量也出现了问题。

资料 4-1　BM 县会议纪要

县藏中太阳能教学楼存在的问题：质量方面，伸缩缝处墙面有裂缝，屋里有漏雨现象，要求保修期对该处进行整改处理；部分铝合金窗压条脱落，应更换铝合金压条；教室地面破损严重，需要在学校放假期间将地面拆除、重新做水泥砂浆地面；楼梯间不锈钢已破坏，要求尽快拆除，并制作坚固耐用的栏杆。资金方面，下达资金 160 万元和国家专项 210 万元，捆绑使用，项目总投资 370 万元，已到位 320 万元，实际已支出 342.09 万元，资金缺口 27.91 万元。

资料 4-2　D 县会议纪要

存在的问题：部分院墙有裂缝现象，个别房屋内局部有渗漏水现象，一些牛粪房屋面坡度小，水泥波棱板破裂、积水、竹帘稀疏，有严重渗漏现象，个别房屋室外局部散水，出现表面起砂、冻融破裂、裂缝等问题。

资料 4-3　MD 县会议纪要

小区道路：个别地方路面破损严重，部分路面有开裂现象，要求将裂缝处割开并用沥青灌缝，严重的地方应切开重新浇筑。

新村管理房：部分砖铺地不平整，应将不平处重新铺设；屋面有漏雨现象，要求对屋面漏雨的地方进行返修。

二、三江源生态移民小城镇安置情况

根据《青海三江源自然保护区生态保护和建设总体规划》，生态移民集中安置在25个以县城为中心的城镇或建制（乡）镇。当初规划设计生态移民项目在五年内完成，但后期各种原因导致生态移民工程最终实施了七年，规划设计搬迁由原来的10140户、55771人，变成实际搬迁10733户、53921人，也使当初规划设计的人均投资（1.13万元）实际按每人0.8万元进行拨付，人均减少了0.33万元，安置资金只能重点用于房屋建设。三江源生态移民小城镇安置情况见表4-3。

表4-3　三江源生态移民小城镇安置情况

所在州	所在县（市）	安置乡（镇）	安置户数（户）	安置人数（人）
玉树州（10个）	玉树市	结古镇（以县城为中心的镇）	791	4469
		隆宝镇（建制镇）	12	56
	称多县	称文镇（以县城为中心的镇）	622	3509
		歇武镇（建制镇）	182	1028
		扎朵镇（建制镇）	137	594
		珍秦镇（建制镇）	224	997
	囊谦县	香达镇（以县城为中心的镇）	1545	8237
	治多县	加吉博洛格镇（以县城为中心的镇）	482	2333
	杂多县	萨呼腾镇（以县城为中心的镇）	832	4468
	曲麻莱县	约改滩镇（以县城为中心的镇）	318	1762
果洛州（7个）	玛沁县	大武镇（以县城为中心的镇）	865	3730
	达日县	吉迈镇（以县城为中心的镇）	65	357
	甘德县	柯曲镇（以县城为中心）的镇	43	213
	玛多县	玛查理镇（以县城为中心的镇）	29	130
		花石峡镇（建制镇）	68	340
	班玛县	赛莱塘镇（以县城为中心的镇）	326	1839
	久治县	智青松多镇（以县城为中心的镇）	128	658

续表

所在州	所在县（市）	安置乡（镇）	安置户数（户）	安置人数（人）
海南州（4个）	兴海县	子科滩镇（以县城为中心的镇）	865	3884
		温泉乡（建制乡）	100	375
	同德县	尕巴松多镇（以县城为中心的镇）	673	3278
		河北乡（建制乡）	100	640
黄南州（3个）	泽库县	泽曲镇（以县城为中心的镇）	46	265
	河南县	优干宁镇（以县城为中心的镇）	133	525
	同仁县	隆务镇（以县城为中心的镇）	287	1055
海西州（1个）	格尔木市	郭勒木德镇（以县城为中心的镇）	201	1005

数据来源：调研资料整理。

三、三江源地区城镇发展环境分析

（一）城镇体系不健全，城镇规模偏小

三江源区现有的45个城镇大部分为建制镇，有一个建制市（玉树市）。城镇规模普遍偏小，加之基础设施落后、产业没有形成规模。该区域中心城镇形成并不明显，主要城镇对周边地区经济拉动能力弱，各城镇间的联系协作不足，城镇职能趋同，没有形成金字塔式的城镇体系，城镇结构松散，体系不稳固。

（二）人口分布不集中，城镇化进程缓慢

受牧民生产生活习惯影响，三江源地区城镇人口规模小，城镇功能单一，人口居住分散，不利于集聚发展。同时，由于城镇数量少、规模小、经济发展水平低、产业不发达等，城镇承接牧民转产就业能力弱，导致城镇化进程缓慢，城镇化建设滞后，城镇化水平低于全省平均水平，多数镇处于城镇化初级阶段。

（三）基础设施建设不完善，城镇化质量不高

由于底子薄，加之县以下的建制镇地方财力弱，各城镇的基础设施投入和建设设施水平很低。主要表现为：城镇道路网络密度不足，道路建设等级低，系统布局不合理，道路网络系统不完善，路网之间缺乏必要的联系，大部分的交通量集中在少数几条主干道上；大多数的水源地未能得到

保护，城镇供水管网配套较差，生活污水处理工程建设缓慢，污水无害处理率较低；电网覆盖率较低，部分城镇供电能力不足，集中供热覆盖率低，整体供热调节性较差；公厕、垃圾转运站等环卫公共设施少。这些基础设施缺乏必要的投入，导致城镇的集聚发展能力弱，许多城镇还处于低层次的发展阶段。

（四）产业结构不平衡，城镇经济水平落后

三江源地区经济发展总体水平与全省相比差距较大，经济总量小，人均水平低，农业产业化水平低，以传统畜牧业为主。除共和、兴海等县城外，多数城镇工业几乎空白，第三产业尚不发达，餐饮、住宿及商贸体系不健全，制约了旅游业的发展。同时，各城镇未形成明确的产业定位，城镇经济缺乏产业支撑，严重限制了城镇发展。

（五）建设资金不充足，限制城镇发展速度

由于各县经济发展水平较低，建设资金严重短缺成为城镇化建设的共性问题。城镇建设资金主要来源于国家财政拨款，而土地收益、BT负债、市场融资等市场化渠道尚未建立，在国家拨款有限、地方财力不济、市场融资不足的情况下，城镇建设速度缓慢，大部分城镇还处于发展初期阶段。

第三节　三江源生态移民城镇化过程与情况分析

一、青海人口城镇化的进程

作为人类历史发展的一个重要阶段，城镇化不仅是人口、生产资料等生产要素向城镇集聚的过程，也是城镇化的生活方式、生产方式、价值观念逐渐扩散的过程。可以说，城镇化的过程中凝聚了看得见的人口集聚，生产方式、生活空间的变化，也包括了看不见的价值观念、思想意识的转变。但城镇化是以“人”为中心的城镇化，按照新古典经济学的理论，在完全市场经济条件下，城市形成和发展应该完全依赖市场机制来推动，但在现实情况中，城镇化并非单纯依靠市场手段，制度在推动城镇化的过程中起到不可忽视的作用。

社会发展重点主要以牧业区发展为主，社会转型、发展滞后，是近代青海社会发展的特点。在这一时期，青海地区城镇化进程很慢。改革开放以后，青海的城镇化进程加快，共历经了六个阶段发展历程。

第一阶段：城镇化的初步时期（1949—1955 年）。1949 年，青海省共有城镇人口 7 万人，到 1955 年城镇人口达 12.5 万人，城镇化率由 1949 年的 4.8%提升到 1955 年的 7%。1949—1952 年，国民经济恢复，城镇人口增长较缓慢；1953—1955 年，随着各种工业项目在青海实施，城镇规模逐步扩大，人口迅速增长，但增长的人口多为“援青”的迁移人口。

第二阶段：城镇化的快速增长时期（1956—1960 年）。1958 年随着“大跃进”口号的提出，工业增长迅速。到 1960 年末，青海城镇人口达 70 万人，是 1949 年人口的 10 倍。此时，人口的剧增与经济发展极不适应，表现为人口数量超过了社会的承受能力，农村劳动力大量流往城市，城乡人口比例严重失调，城镇消费品短缺。

第三阶段：城镇化的减缓时期（1961—1963 年）。由于人口快速增长，人口数量已经严重超出了社会的承受能力，加之三年自然灾害，造成了国民经济比例的严重失调，人口的骤减。自 1961 年开始，青海城镇人口比重由 1960 年的 28.2%降为 14.6%，这是青海省城镇化的一次大倒退，但这一倒退是对前期人口盲目扩张的纠正，在一定程度上减缓了青海省的人口城镇化的进程。

第四阶段：城镇化发展的摇摆时期（1964—1978 年）。在此阶段，国民经济方针调整，青海省走上了经济建设之路，大量工矿企业迁入。从 1964 年起，城镇人口逐渐回升，城镇化率也有所提高，但 1966 年后再次出现了人口摇摆。总体来看，城镇人口绝对数量是逐年增加的。

第五阶段：城镇化高速增长期（1979—2000 年）。在这一时期，青海经济建设和社会各项事业得以迅速发展，先后成立了格尔木市、德令哈市，城镇数量也有了快速增加，城镇人口规模也快速扩大。一方面，招工招干、职工家属进城落户，使相当一部分农村人口转移到城市；另一方面，农民进城务工的壁垒逐渐消除，大量农村剩余劳动力流入城市。

第六阶段：城镇化的稳定发展时期（2020 年以来）。自西部大开发以来，青海的城镇化格局已经基本形成，海东撤区建市，玉树撤县建市，初步形成

了以西宁为中心、州府县城为骨干、小城镇为基础的体系。截至2000年，青海省的常住人口城镇化率为55.52%，

回顾整个青海人口城镇化历程，青海的城镇化在很大程度上源于政策推动。政府是推动城镇化的主体，政策对城镇化的发展具有导向作用，而这种政策导向下的非自然状态下的城镇化具有极大的不稳性。

二、三江源生态移民城镇化的过程

三江源生态移民的城镇化不同于其他地区的人口城镇化。本书把三江源生态移民城镇化放在整个青海人口城镇化的背景下，在其特殊的形成机制中进行分析。

据史料考证，早在旧石器时代，三江源地区就有了人类的生活轨迹①。受地理、气候、环境、生活、医疗等因素影响，该地区的人口规模一直不大。1814年，玉树、果洛两州的人口总数为4万人左右，该地区制度基本为带有原始部落社会残余的封建主义占有制，草场、牲畜都归部落首领、王公贵族、宗教上层所有，广大的牧民作为部落的属民，归部落管理，城镇人口极少。1949年，国家针对民族地区在宗教、民族、生计方式、生产及阶级结构、经济形态等方面的特殊性和地区的复杂情况，尤其是针对部落头人怕分牛羊、分草场的顾虑，通过民族内部协商，和平地对传统的经济体制进行了民主改革。对牧主采取保留牲畜的私有权，但限制其封建剥削的政策，对民族宗教上层人士实行“团结、教育、改造”的方针，从而废除了王公、千百户、头人及宗教寺院独占和支配草场、摊派无偿劳役及其他的封建特权，同时减免税收，取消了种种封建剥削项目。经过改革，广大牧民的政治地位提高了，初步打破了牧业的生产关系。在此阶段，三江源地区的人口数量有所增加，达到19万人，依然以牧业人口为主，城镇人口有所增长，主要以政府部门、企事业单位、商业部门人员为主。但1959—1964年，受三年自然灾害影响，全国处于困难时期，加上精简职工、遣返等原因，三江源地区人口变迁变得不正常，城镇人口增长很慢，直到1964年底随着国民经济结构的调整，城镇人口逐渐增加，三江源地区的户籍总人口为22.27万人；到2002年，三江源

① 崔永红，张得祖，杜常顺．青海通史［M］．西宁：青海人民出版社，2017.

地区的总人口已达到59万人，其中牧业人口占总人口的84.5%。人口的迅速增长导致草畜生态失去平衡，因此“减人”“减畜”成为解决人口、资源、环境问题的主要做法。“减人”，一方面是通过实行计划生育政策，以“允许第二胎，控制第三胎”为目标，控制人口数量；另一方面将现有牧民从草场迁出，进行城镇化安置，减少人口对草场的破坏。“减畜”，则是通过“以草定畜”将牲畜数量严格控制在草场承载范围之内，同时实行牧业合作社形式，走集约型发展之路。可见，三江源地区人口的城镇化，不仅受政策、制度变迁的影响，也受宗教文化、生态环境的影响，是在多种因素共同驱动下进行的。

作为一种人类社会发展的特殊范式，学者将城镇化的模式分为自然状态下的渐进式城镇化和政府主导下的快速城镇化。在自然状态下，城镇化形成的作用机理在于人口的积聚与产业集群发展，而在政府主导下，城镇化在于自上而下的行政力量的推进。从三江源生态移民的形成过程来看，三江源生态移民的城镇化属于政府主导下的快速城镇化，虽然有迁出地恶劣生态环境产生的推力，但在很大程度上，三江源生态移民的形成在于三江源生态建设与保护工程的实施。因此，不同于自然状态下的渐进式城镇化过程，三江源生态移民城镇化是政策推动下的快速城镇化，逆城镇化是指城市人到农村买地购房导致人口从城镇往农村的回流的现象。

（一）政策推动下的快速城镇化

政策推动下的快速城镇化，由于没有经过城镇化的渐进过程，没有给予移民充分的生活缓冲期、心理的调整期、生产适应期，在发展“高速”的同时，带来了一定的社会“震荡”，城镇化的质量和水平并不高。小城镇建设结合生态移民工程的实施，在一定程度上提高了三江源区小城镇建设水平，移民的迁入也为三江源区小城镇的发展注入了新的活力，但生态移民搬迁也伴随着新的生产方式、生活方式、生存空间的变革，牧民的思想意识还未发生根本转变，思维模式仍处于传统与现代的模糊边缘。他们对城镇化的生活从搬迁之前的担忧，到搬迁后的困惑、学习与融入，再到现在开始逐渐适应。

访谈 4-1　212 移民社区移民（跨县）　56 岁　男

问：您是自愿搬迁吗？

答：自愿搬迁的。刚开始搬的时候，领导们说的是，会给我们房子，生活补助方面也会很多，再加上小孩上学、交通、医疗方面都很方便，还有我们那边的生活环境没有这边好，所以就搬过来了。

问：搬迁后和您之前的生活变化大吗？

答：刚开始搬迁的时候，很多人都觉得以后生活会变得更好，但是也担心，把牛羊卖掉，然后搬迁过去以后，生活并不是他们说的那么好，我们怎么办？害怕回不来，城里也住不下去。但是搬迁以后，各方面都挺好的，无论是交通、医疗还是教育方面都特别方便，生活有了保障，因为每年的补助都会按时发，不像以前在牧区那样常常要担心生活收入。现在就是因为有保障，所以没有那么烦恼，可是有时候，国家发的这个钱还是不足以维持家庭的生活支出，所以需要找工作。我们从小生活在牧区，也没有工作能力，所以找工作特别难。

问：政府为了提高大家的就业技能，开展了一系列的培训，您参加过吗？

答：有，有开车的，还有那种手工编织的，做饭的什么都有。我儿子参加了驾驶员培训，现在贵德给人跑车。

问：您刚搬过来的时候，生活有什么不适应的吗？

答：刚搬过来的时候，就是第一年，一年当中回去过很多次。因为在这里生活也不是很习惯，而且饮食支出特别大，所以一般就是常回家，回老家那边的牧区；日常生活上有时候觉得在这里很枯燥，因为这里不像老家的草原一样，有时候就是想常回去。搬迁后，生活支出明显比以前多了，现在就是靠政府的补助，可是东西物价不像以前那么低，现在物价特别高，所以家庭收入就成了问题。但是，玛沁县比玛多县好多了，玛多县那边交通特别不方便，气候干旱。生活方面的话，在这边还是很适应的。

问：那您现在还经常回去吗？

答：不回去了，现在在这里生活挺好的，玛多条件差。也不是不想回去，回去了也啥都没有了，草山也没有了，牛羊也没有。

（二）生活困境下的逆城镇化

在荣利颖和宋婷娜看来，在行政主导模式下的快速城镇化实际上是土地城镇化，从长远来看这种发展方式会衍生出一系列的社会问题①。大量国内研究表明，在政府推动的城镇化过程中，存在政府的行政力量与外界环境的自然力量共同推动的情况，在这种情况下可能会出现逆城镇化的情况。课题组在调研中也发现部分移民偷偷返迁的情况。移民群众表示，生计问题是移民返迁的主要原因，现行的补助无法维持正常的生活，同时移民自我发展能力受限，无法在城镇中就业，失去了稳定的生活来源，所以返迁。

对于移民返迁的现象，G县移民社区的管理人员解释如下。

访谈4-2　G县移民社区的管理人员

"刚搬下来的时候，我们想了很多办法帮助移民适应新的生活，开了学习班教大家学习普通话，教大家如何种菜，还有烹饪，就连很多生活常识也要教，光上厕所的问题，不要随地大小便都说了很久。现在好了，大家生活上基本已经适应了，但是就业这块还是大问题。以前在牧区他们有草山、有牛羊，现在他们除了靠政府的一些补助外，没有其他什么收入，再说在城里生活的开支也比较大，于是就返迁了。"

课题组通过对返迁的家庭进行调研发现，一些家庭缺乏劳动技能，又无其他就业渠道。他们在返迁后主要是帮他人放牧，或自己偷偷放牧，同时又享受生态移民的各项补助政策，完全违背了生态移民工程的初衷。

三、三江源生态移民城镇化的情况分析

城镇化的本质是农村人口向城镇迁移、积聚并转变为城镇居民的过程。人口城镇化是城镇化水平的一个重要表现形式，也是城镇化的重要衡量指标。从形式上看，人口城镇化表现为人口从农村向城市迁移；从内容上看，人口城镇化包含其社会身份、职业、社会角色、行为方式、思想观念、道德意识、

① 荣利颖，宋婷娜．不同城镇化发展模式下的中小学布局调整及其表现形式［J］．中国行政管理，2016（6）：95.

社会交往、生活习惯等一系列内容改变的过程。相对于地域城镇化、经济活动城镇化，人口城镇化更具有重要的意义。

国内对人口城镇化的测量指标可分为两类：一类是单一指标，另一类是综合指标（指标体系）。单一指标一般是指城镇化率。城镇化率用来反映人口向城镇集聚的过程和集聚程度，也是城镇化分析中最常用的指标。通常我们使用的指标有常住人口的城镇化率与户籍人口的城镇化率。综合指标则包括移民的思想意识、行为方式、生产方式、生活方式等。结合三江源生态移民的特点，本书从两个方面对三江源生态移民的城镇化情况进行分析。

（一）城镇化率

在课题组调研的832户移民家庭中，搬迁前农业户籍人口832人，户籍城镇化率为0；搬迁后，农业户籍人口711人，城镇户籍人口121人，户籍城镇化率为14.54%（表4-4）。这些城镇户籍人口一部分为新增人口，一部分为搬迁后为了享受城镇低保等各项政策，自愿选择借助户籍改革纳入城镇户口的人口。但大部分的移民因为担心落户城镇户口后，草山承包经营权会因户口属性发生变化，而使自己无法返回承包的草山上进行虫草采集，直接影响全年收入，所以不愿落户城镇。

表4-4　生态移民搬迁前后户籍变化情况调查

项目	搬迁前		搬迁后	
	人数（人）	百分比（%）	人数（人）	百分比（%）
农业户口	832	100	711	85.46
城镇户口	0	0	121	14.54

数据来源：调研数据整理。

表4-5　2018年三江源地区与青海省的户籍人口城镇化率情况

项目	黄南州	果洛州	玉树州	海南州	全省
城镇户籍人口（万人）	7.01	3.36	7.03	10.67	240.09
户籍总人口（万人）	27.85	20.38	41.44	47.03	586.77
户籍人口城镇化率（%）	25.17	16.49	16.94	22.69	40.92

数据来源：青海省、海南州、玉树州、果洛州、黄南州《2018年国民经济和社会发展统计公报》。

表 4-6　2018 年户籍人口城镇化率对比

项目	三江源生态移民	三江源地区	青海省	全国
户籍人口城镇化率（%）	14.54	20.52	40.92	43.27

数据来源：调研数据与青海省、海南州、玉树州、果洛州、黄南州《2018 年国民经济和社会发展统计公报》。

由表 4-5 至表 4-6 数据分析可以看出，三江源生态移民的户籍人口城镇化率与三江源地区的户籍人口城镇化率、青海省的户籍人口城镇化率，以及全国的户籍人口城镇化率相比，分别相差 5.98 个百分点、26.38 个百分点、28.73 个百分点，可见三江源生态移民的城镇化率很低。因此，确保在移民享受牧民相关政策和利益分配不变的同时，进一步推进户籍制度改革，破除城乡二元体制障碍，是推进三江源生态移民城镇化的有效途径。

（二）三江源生态移民城镇化的特点

从调研中看，三江源生态移民工程实现了 5.3 万人的急速就地城镇化，通过生态移民搬迁转移三江源地区人口压力，缓解人口、资源、环境矛盾，基本解决了移民的住房难、行路难、读书难、就医难问题。但从现实上看，三江源生态移民的城镇化是在外力的推动下实现的，“被城镇化”的现象比较明显，他们大部分人虽然生活在城镇，但无法享受城镇居民的同等待遇，虽被归为城镇常住人口但不是真正意义上的城镇居民。另一部分人的户口虽然已转为城镇户口，但其在城镇中转产就业困难，受个人能力、思想观念、城镇发展环境等因素影响，城镇化生活质量并不高，形成了形式上的城镇化、浅的城镇化、半城镇化、不彻底的城镇化，具体表现在以下三个方面。

其一，居住方式与生活方式的城镇化。通过生态移民工程与小城镇建设的实施，移民的居住条件和生活条件得到了极大的改善，移民从过去居住的帐篷搬进了宽敞明亮的小院，甚至搬上了单元楼；基井和自来水工程建设解决了移民吃水难、用水难的问题；联通电网解决了照明、家用电器的用电问题；通电入户彻底改变了牧民家庭世世代代用酥油灯照明、用牛羊粪当燃料的状况；社区道路硬化方便了移民出行；社区卫生所的建立让头疼感冒等小病患者可以直接到卫生所治疗，做到了小病不出村；社区小学的建立或城镇中小学教舍扩建，方便了移民子女就近入学，使上学路途不再遥远；移民和城镇居民一样享受到了城镇生活的便利。同时，随着城镇化的发展，移民的生活方式日趋城镇化，消费结构日趋多元化，电子产品、家用电器、汽车消费成为新的消费趋势，手机、互联网成为移民生活中必不可少的重要组成部分。

其二，思想观念与生产方式上的半城镇化。受重视宗教、重牧轻商、重义轻财、轻商贱利的传统观念影响，移民的思想观念与城镇居民的生活价值依然存在一定的冲突；移民乐天知命的意识普遍存在，排外思想仍较明显，回避甚至害怕竞争，“等、靠、要”的思想依然比较严重；宗教思想依然在牧民生活中占主导地位，宗教活动支出依然是家庭支出中固定的一部分。搬迁后，部分移民有了职业意识，开始从事第二、第三产业劳动，创业观念也逐步形成。但是移民的职业分化、劳动力的有序流动未能在很大程度上得以实现。从移民的就业方式来看，受三江源地区产业结构的影响，移民在第二、第三产业中的就业情况并不理想，生态管护员岗位成为移民主导性的就业岗位。部分移民依然靠为他人代牧为生，并没有在一定程度上摆脱牧业生活。移民从事非牧产业的生产技能依然不高，移民转产转业面临重重困境。

其三，身份归属与管理方式上的非城镇化。搬迁到城镇的移民应属于城镇居民，但尚未纳入城镇居民的管理范围，在生产生活和管理等方面仍与原乡政府有着许多联系，国家的各项政策仍然通过原乡政府来实施。本书课题组在调研查中发现，许多移民对自己身份认识不清，说不清自己到底是“城里人”还是“乡里人”；移民戏称自己是“四不是”：不是牧民（没有草场，已经上缴国家），不是农民（没有土地，大多数也不会种地），不是城里人（没有城镇户口，移民的户口还在原籍牧区），不是工人和干部（没有工作），属于介于城镇与牧区的“第三类人群”。此外，以户籍制度、社会保障为主要内容的城乡隔离制度使这些“离土”“离乡”“进城”的移民无法成为真正的城镇一分子。移民的户籍仍归之前的牧委会管理。从户籍角度上讲，移民还是牧民，仍然保留着牧民户籍，没有变为城市（镇）户籍，移民虽然定居在城镇，但一系列的政策、资源并没有真正落地，使移民难以享受同城待遇，形成了形式上的城镇化。

整体看来，三江源生态移民还处于“居住城镇化、身份牧民化”的半城镇化状态。移民长期处于城镇化的边缘，这种不彻底的迁移导致移民未能在城市安居乐业，仍存在一定的贫困问题。因此，实现三江源生态移民的城镇化，必须在户籍、社会保障、公共服务方面给予移民城镇居民待遇，增强其在城镇的发展能力。只有这样，才能吸纳更多的移民在城镇发展，从而逐步实现生态移民的有序城镇化。

第五章

三江源生态移民社会适应性分析

第一节　三江源生态移民不同层面的适应状况分析

从社会学的角度看，移民安置包含了两个既有区别又彼此相关的社会过程：搬迁与生活重建。移民搬迁后原有的生产体系被破坏，生活网络被拆散，生活空间被转移，搬迁割裂了与过去生活的联系。从表面上看，这些割裂是无形的，但从现实来看这种割裂带来了极大的社会风险。世界银行的研究表明，迁移可能对移民产生一系列的影响，包括原有社会组织体系被破坏，土地丧失导致的移民收入来源中断，以及由此产生的大量失业问题。与此同时，人们损失了自然资源、个体人力资源、社会资源，失去了享有公共利益的权利，陷于食物没有保障、健康水平下降的边缘化处境①。此时，移民是否能够适应搬迁后的城镇生活成为新的问题。

三江源生态移民的社会适应过程，是其在城镇安置后不断调整心理及行为模式，使之适应新的生产生活环境的过程，也是不断与城镇环境相互作用以达成协调的过程。其主观上表现为移民是否在迁入地获得了认同感，是否内化了城镇化的价值判断与思维意识，是否对城镇化的生活感到满意；客观上体现为移民在经济生活（生产活动、就业、消费方式、收入结构）、社会生活（日常生活、与当地人之间的交往）、文化（宗教活动、生活习俗、语言）等方面是否适应了。

---

① 迈克尔·M塞尼．移民．重建．发展—世界银行移民政策与经验研究（二）［G］//水库移民经济研究中心．世界银行的研究表明移民会带来的八大风险问题：丧失土地，失业，失去家园，边缘化，疾病，食品缺乏，失去公共资源和社会组织结构解体．南京：河海大学出版社．

一、生产适应情况分析

生产活动是人类赖以生存与发展的基础，只有通过一系列的生产活动，人类才可以获得生存所需的各种物质，并拥有发展所需的各种物质。可以说生产活动不仅凝结了财富创造的过程，也涵盖了日常生活之外的一切活动。三江源生态移民在进行生态搬迁后，改变的不只是原有的生活空间、生产空间，与此同时失去了熟悉的生产环境、生产资源、生产关系，面临的是一个艰难的生产适应过程。此时生态移民是否能够完成生产适应，不仅关乎后面产业的发展，更关乎移民的自我发展。

生产适应是最基本的社会适应之一，生产适应也称为“经济适应”，是指劳动者对新的生产环境、生产方式及生产内容等的适应。没有生产适应，一切发展无从谈起。对劳动者来讲，生产适应可以体现为对生产环境的适应、对生产方式的适应，以及对生产内容的适应。其中，对生产环境的适应是指对生产的物理环境与人际环境的适应；对生产方式的适应是指对生产力、生产关系的适应；对生产内容的适应是指对生产对象的适应。

（一）生产适应的调试过程

生态移民工程的实施，使大批移民从草原迁居到城镇，得到了集中安置，远离了草场、牲畜，他们的生产资料、生产工具、劳动对象发生了翻天覆地的变化。此时如何适应迁入地的生产环境，并及时调整自身的生产行为，是三江源生态移民手首先要面对的问题。

为了让广大移民尽快适应城镇化生活，各级政府进行了积极的探索。一是针对文化程度低、劳动技能单一、缺乏自我谋生手段的移民，开展汽车驾驶、农用车驾驶、摩托车修理、家政服务、蔬菜种植、藏毯编制、手工艺品制作等技能培训。二是针对有一定经营能力、一技之长的移民，给予优惠创业政策和创业支持，鼓励他们开办小卖铺、缝纫店、洗车行，增加收入。三是针对能从事简单劳动的移民，安排他们从事环卫、门卫、保安、种草、灭鼠等劳务输出工作。如图 5-1 至图 5-4 所示为移民参加技能培训。

图 5-1　移民学习蔬菜种植

图 5-2　移民驾驶员理论培训中

图 5-3　移民绘画素描培训

图 5-4　农机驾驶维修培训

同时各级政府还采取各种措施对移民进行后续产业的扶持，例如在移民社区周围开设洗车房、服装加工车间、牧家乐等，帮助移民增收就业；或由政府投资一部分资金、移民自筹一部分资金建立商铺，商铺对外出租，租金收益用来给移民分红。通过一系列的举措，移民的生产方式、就业方式有了一定的转变。如图 5-5 至图 5-8 所示为政府支持的产业。

图 5-5　大武镇格桑滩移民区合作社洗车中心

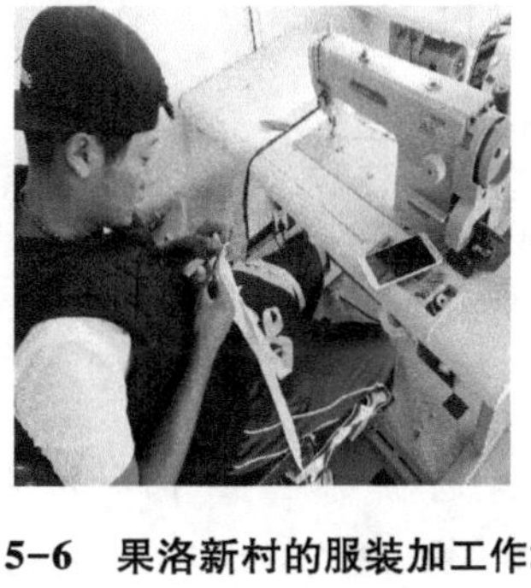

图 5-6　果洛新村的服装加工作坊

图 5-7 大武镇格桑滩移民社区修建的商铺

图 5-8 大武镇格桑滩移民社区修建的牧家乐

（二）生产适应性情况分析

1. 生产方式的变化情况

调研数据表明，搬迁前，84.50%的移民以牧业为主；搬迁后，移民的生产方式逐渐向第二、第三产业转移，外出打工的人数明显增多。由于有些个人能力有限，以及三江源区经济发展滞后、就业渠道狭小等原因，移民中的无业人员也在增多。如图 5-9 所示为移民搬迁前后生产方式的变化情况。

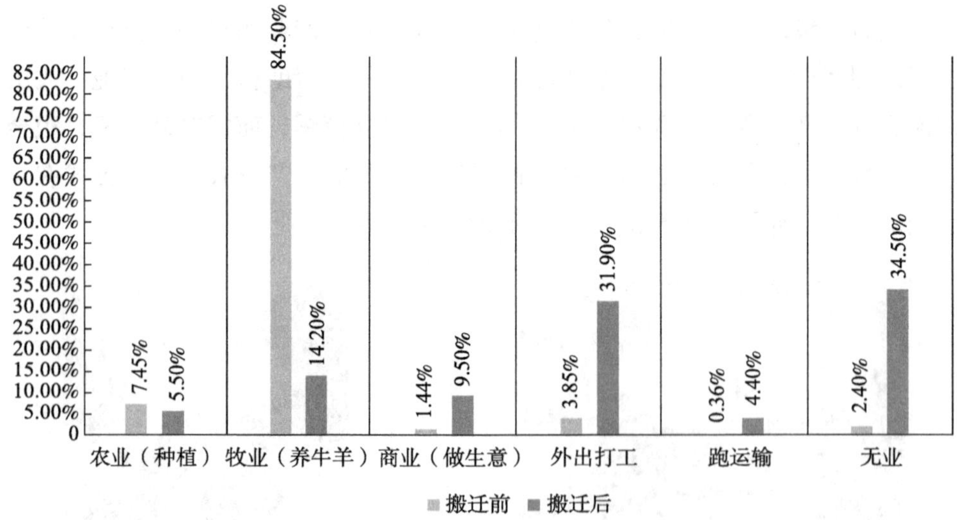

图 5-9 移民搬迁前后生产方式的变化情况

数据来源：调研数据整理。

上述变化情况的产生有以下几点原因。一方面，移民安置点靠近城镇周围，为移民提供了更多的就业机会。相关数据表明，28.40%的移民认为搬迁后打工机会多了，23.80%的移民认为购买生产资料更加方便了，16.30%的移民认为搬迁后自己的想法更多了，14.90%的移民认为搬迁后经商更加方便了；另一方面，也有移民表示，由于生态移民工程的实施，草场被禁牧，失去了原有的生产资料，个人能力与发展空间受限，为了生计，外出打工便成为无奈之选（图 5-10）。

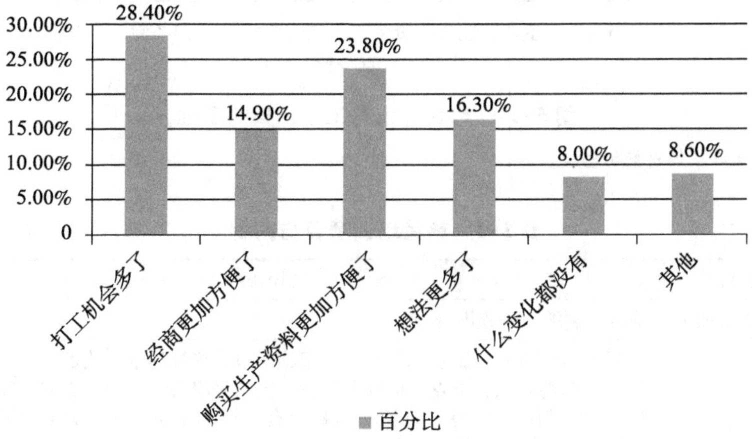

图 5-10　搬迁后给移民生产活动带来的变化

数据来源：调研数据整理。

与此同时，移民由于自身文化程度低、生产技能单一，在外出打工中也遇到了各种困难。在调研中，一户移民这样讲道："我们也想外出打工，但是他们嫌弃我们干不好，同样的工作他们给当地人一百八，给我们就一百五。"当被问道："外出打工时你们遇到的主要困难是什么？"时，33.90%的移民表示是劳动生产技能，其次是语言、工作经验、文化程度（图 5-11）。

对此，政府部门开展了一系列的技能培训，以提高移民群众的技能。技能培训主要由省生态办及各州县三江源办公室负责组织实施，开展了包括民族手工艺品加工，民间艺术、农业技术、机械驾驶和维修、电焊、中式烹饪、酒店服务等内容在内的技能培训（表 5-1）。

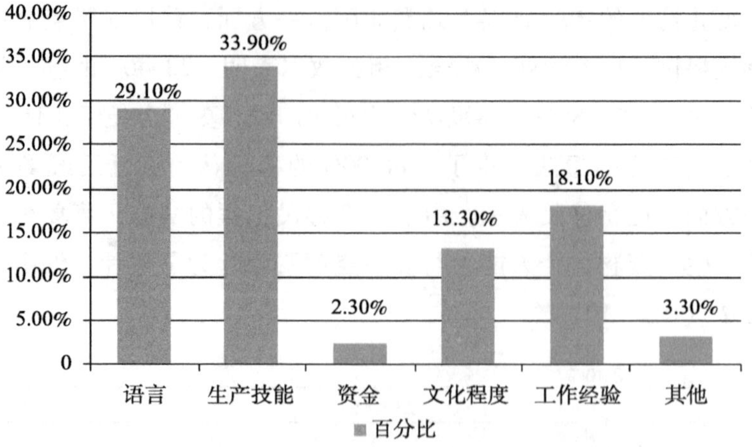

图 5-11　移民外出打工中遇到的困难

数据来源：调研数据整理。

表 5-1　移民培训项目与内容①

培训项目	培训内容
民族手工艺品加工	藏绣、刺绣、藏族堆绣
民间艺术技能培训	1. 民族缝纫技术：重点培训服饰、藏族围巾、帐篷的缝纫技术。 2. 民族歌舞表演：重点培训舞台形象、唱歌表演技艺、舞蹈表演要领。 3. 唐卡绘制：针对有一定绘画基础、有悟性的学员，培训内容是绷制布面、绘画底稿、勾复染色、开眼、装裱等。 4. 热贡泥塑：针对具有一定绘画功底、基础技能和有悟性的学员，培训内容是泥料加工、龙骨搭架、轮廓塑形、彩绘等技能。 5. 大藏经石刻和藏族木雕（石刻）：培训内容为工艺美术基础、选料、打磨技术、雕刻技术。 6. 藏香纸巾香：培训内容为原材料草本植物的识别及草性原理、藏纸的处理、手工“塔香”的制作工艺
农业技术培训	以种植高原特色暖棚蔬菜为培训内容，主要是选择适合当地气候条件、农牧民容易接受的绿色蔬菜品种，利用夏季闲置的暖棚进行种植技术、管理技能的培训，以及暖棚耕作及种植技术，蔬菜播种育苗技术，蔬菜地膜种植技术，速生、耐旱和喜温蔬菜茬口技术，蔬菜病虫害防治技术的培训，通过培训使牧民群众基本掌握油白菜、黄瓜、西红柿等常见蔬菜的生长发育规律、生物学特征和高产种植方法
机械驾驶和维修技能	机械驾驶技术：主要是针对挖掘机、装载机、汽车驾驶技能的培训。 修理：培训内容为汽车维护与保养及农机具的修理
其他技能培训	酒店服务：培训酒店管理和服务礼仪。 中式烹饪：菜品选材与制作。 电焊：掌握焊接工艺和焊接技术

① 根据青海三江源生态保护和建设二期工程培训和宣传教育项目实施方案整理。

访谈 5-1　221 移民社区移民　男　藏族　58 岁

问：您参加过哪些培训？

答：我参加过编制牧鞭、刺绣、挖掘机驾驶、摩托车修理、汽车修理等培训。这些培训每年都有，分不同批次进行，还有结业证书，那些结业证书对我们找工作挺有用的。

问：这些培训内容对你有用吗？

答：有些有用，有些没用，有些学了很有用，特别是汽车驾驶。学习了就可以自己去跑运输，我们村子有几个年轻人到外面给老板开车，一个月就有三千多的收入。

访谈 5-2　512 移民社区移民　男　藏族　50 岁　玛尼石刻师傅

“我们当时五个人学习了玛尼石刻，但是现在有一个过世了，一个生病了，他病的时间很长，只有我们三个人还在做，我当时还参加了服装加工，但是现在不用也忘记了。我现在一个月有四千块的收入。我用的石头是从周围河边捡到的，一个石头雕刻以后可以卖三十块钱。我雕刻好后，让他们带到我西藏的朋友那卖，一个可以卖一百到两百块。”

课题组通过调研发现，一方面，移民群众中，文盲人数较多，具有小学文化程度的比例高，而本地用藏语授课的教员很少，特别是用藏、汉双语授课的教师就更少了，给培训开展带来了一定难度；另一方面，农牧民科技培训以 3~7 天的短期培训为主，缺少连续性和长期性，难以对培训成果进行巩固。虽然培训在促进移民增收、就业方面具有积极的作用，但从培训成效来看，短期内驾驶员培训效果最好，牧民群众经过培训拿到了驾照，在城镇周边开始跑起了运输；手工编织、藏毯加工培训由于缺乏与市场的链接机制，成效并不明显；蔬菜种植培训只是在小范围内进行，同时三江源区气候高寒缺氧，蔬菜种植成本过高，也未产生经济效益。挖掘机、汽车修理培训，由于培训时间过短，移民并未真正掌握生产技能。对于培训的效果，40.90%的移民表示培训对他们就业一点儿帮助都没有，28.10%的移民表示有一点儿帮助，20.20%的移民表示有帮助，只有 10.80%的移民表示培训对他们就业非常有帮助。可见，培训在促进移民就业方面的效果并不明显，存在“形式化”“过程化”的问题（图 5-12）。

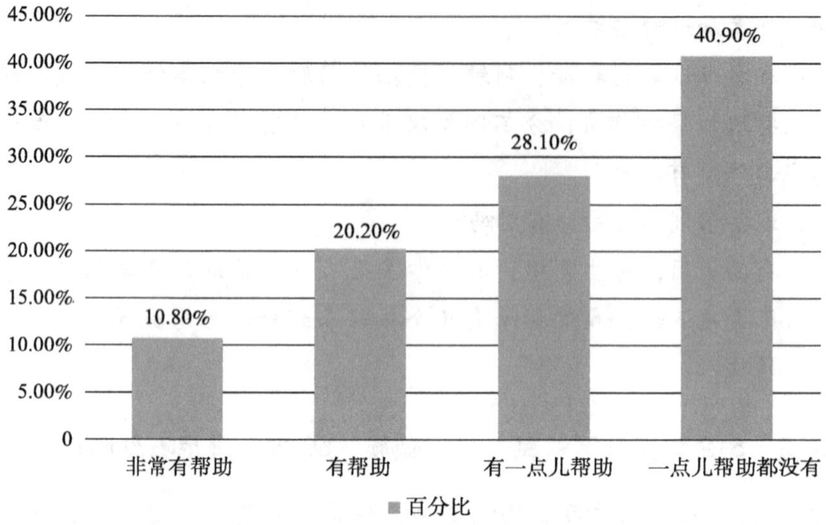

图 5-12　移民参加政府培训的效果分析

数据来源：调研数据整理。

但实施生态移民工程后，移民群众的思想观念发生了很大的变化，开始进一步接受新观念、新思想、新技术，部分移民有了创业的想法。课题组在果洛新村遇到这样一个男孩子，他给自己起了笔名叫“苏格”，来源于他喜欢的一位作家苏格·华罗斯，他向我们描述了他的创业之路。

访谈 5-3　321 移民新村移民　男　20 岁

“我高中毕业就开始在搞这些了，我在村子里主要做一些打字、复印、拍照的业务。这些东西也刚买不久，我想上个好点的大学但没能上成。原因首先是自身条件不行（到不了分数线），其次是家里条件不允许。因此我想把计算机学好一点后再开个打印店。”

在课题组调研的 832 户移民中，有 12.4%的移民有过创业实践，创业形式有开小卖部、跑运输、开服装加工作坊、开洗车行等（图 5-13~图 5-15）。

图 5-13　移民开设的洗车行

图 5-14　移民开设的小卖铺

图 5-15　移民家的服装加工作坊

2. 收入来源与收入结构变化情况

就业方式的变化必然导致收入结构的变化。从调研数据来看，搬迁前，移民的收入来源主要为虫草收入和卖牲畜收入；搬迁后，移民的收入来源主要是政府补贴和虫草收入，而自主性收入、经营性收入较少。收入结构也从以前的单靠牲畜产品收入转向以政策性收入为主，经营性收入、工资性收入为辅。

课题组在调研中发现，搬迁后政府补贴成为移民家庭的主要收入来源，占比高达 35.5%；其次是虫草收入，占到 24.8%；工资收入次之，占到 16.4%（图 5-16）。无论在移民搬迁前后，虫草收入都占很高的比例，特别是玉树州杂多县，被誉为中国虫草之乡。课题组所调研的社区中，每户年均虫草收入在五万元以上。由于各地虫草分布不均、品质大小不一，虫草收入受价格影响大、风险高，每年收入变化较大。同时，有些移民家庭通过从事简单的体力劳动来增加收入，比如生态管护员、保洁员、门卫就成为其工资性收入的主要岗位来源。其次，部分有技能、懂经营的移民通过从事汽车驾驶、开小卖部等，自主就业，获得了一定的经营性收入。

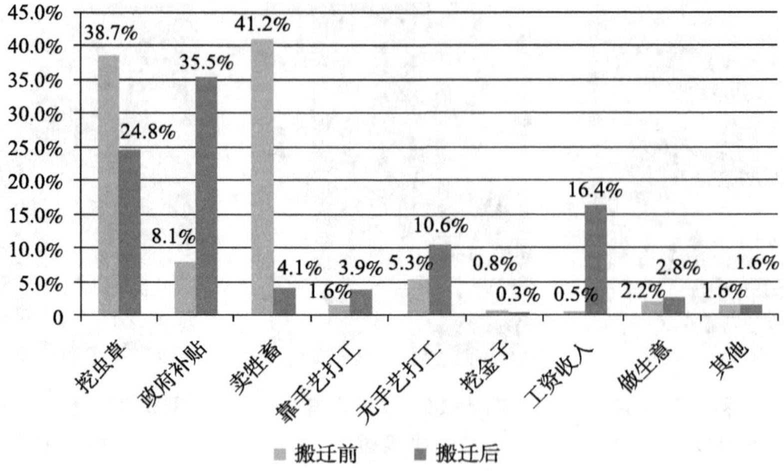

图 5-16 移民搬迁前后收入来源变化情况

数据来源：调研数据整理。

访谈 5-4 114 移民社区移民 男 39 岁

问：您家门口的那个车是自己买的吗？

答：是的，贷款买的，我们村子里的大车基本都是分期付款的，跑运输。

问：搬迁后，你们家的主要收入来源靠什么？

答：我就开车跑运输赚点钱，我家里人每年挖点虫草，到工地上干点小工赚点钱，再就是政府的一些补助。

问：你的驾照是不是通过政府培训拿到的？

答：是的，培训后拿的驾照。

问：搬迁前，你们家的主要收入来源靠什么？

答：就是养牛羊，再挖点虫草，现在牛羊没有了，就只能跑运输了。

访谈 5-5 211 移民社区移民 女 24 岁，父母离异，和母亲生活在一起家中有三姐妹，1 人上学、1 人患有肺结核、1 人患有肝炎

问：搬迁之后，你们家的主要收入来源靠什么？

答：补助、管护员的劳务报酬，还有姐姐去别的地方帮别人挖虫草，一根给 6 元。还有粮食补助（面粉，好像是一人 1 袋，我们家一年 3 袋）。现在

也有，到村里取。

访谈 5-6　311 移民社区移民　女　58 岁

问：搬迁后，你们家的主要收入来源靠什么？

答：收入方面，主要是靠国家的补助，一个小孩的补助和老人的补助，还有一个就是燃料补助，但是不够一年的支出。

访谈 5-7　512 移民社区移民　女　40 岁

问：搬迁后，你们家的主要收入来源靠什么？

答：生活补助（3 个孩子）、燃料补助。我和我现任丈夫刚重组家庭，我们两个人都刚做管护员（目前补助 7600 元/人，据说分两次给）。其他家庭有外地打工的、县内打工的（学校门卫、学校食堂帮厨、洗车行等）。

整体看来，搬迁后移民的思想观念发生了一定的转变，接受新生事物和适应城镇化生活的能力逐渐加强。移民在自谋生路、改善家庭条件方面的积极性和主动性也有所提高。同时，通过各种培训，移民掌握了一定的生产技能，为增收、就业提供了前提条件，也为顺利从事第二、第三产业工作奠定了一定的基础。但由于搬迁后，移民基本失去了赖以生存的生产资料，生产技能单一、个人发展能力受限，加之三江源地区自然条件差，社会发展程度低，产业结构单一，虽然各级政府在后续产业发展方面做了大量工作，但还未形成有规模且能稳定增收的后续产业，也未建立起有利于后续产业快速发展的政策环境和长效机制，移民要达到“致富”还需要一个漫长的过程。

访谈 5-8　MQ 县移民社区管理人员　男　30 岁

问：现在在后续产业发展方面存在哪些困难？

答：一方面移民技能不够熟练，再加上他们不肯动（懒）。我们搞了洗车行、藏家乐，但县上洗车行有几十家，藏家乐有七八家，复制率太高了，他们也不会干其他工作，我们每年都在搞培训，但是效果不大。

问：洗车行的生意怎么样？

答：洗车行的生意现在也不好了，刚开始承包出去每年营收有 9 万元，后来因为生意不好，收入降到了5万元。

问：藏家乐的生意怎么样？

答：现在也不好了，周围太多了，而且我们这地方一年只有几个月的时间，平时太冷了，也没人出来。

问：那么你们这些产业扶持项目一年能给移民户带来多少收入？

答：一千多元还是有的，洗车行（每年收的钱）归60户，藏家乐（每年收的钱）归108户，后面还有个蔬菜大棚一年（两三万元，归60户）和藏服加工场（两三万元，归60户岗龙乡的）。

二、生活适应情况分析

生活适应是指人们对生存和发展环境及生活所需的物资条件的适应。生活适应关乎人的生存状况，搬迁后移民的生活空间、生活内容、生活方式都发生了极大的变化，给移民生活带来了极大的挑战。在这种情况下，移民是否能够完成生活适应，不仅关乎移民生活现状，也关系到移民社区的长治久安。实践证明，个体只有表现出对外界环境和物资条件良好的适应时，才能轻松愉悦地生活，并对未来的发展充满希望。如果一个人不能良好地适应生活，一切发展则无从谈起，因此，生态移民的生活适应极为重要。

（一）生活适应的调试情况

外部环境的变化不仅直接导致移民生产方式的变化，也使移民的生活方式发生了极大的变化。面对如此大的变化，移民一方面表现出无所适从，另一方面又表现出极大的逃避心理。为此，搬迁后各县政府通过加强对搬迁牧民在日常生活起居、安全用电、公共环境卫生、简单劳动技能等方面的培训，提高了牧民对城镇生活的适应性。通过移民的个人努力与政府的大力帮助，生态移民的生活方式悄然发生变化，生活质量得到了提高，饮食结构越来越丰富，餐桌上增加了蔬菜、水果；家中各种电器一应俱全，部分群众购买了小轿车，开上了出租车，出行更加方便快捷，基本生活得到了一定的保障，对城镇生活的适应能力逐渐提高。

（二）生活适应性情况分析

1. 服饰变化情况

搬迁前，受外界自然环境与生活习惯的影响，移民多以传统藏服为主，习惯身穿羊皮袄、脚穿藏靴、头戴毡帽。牧民将羊皮拼接起来凑成“秋板皮”，找专门的裁缝缝制。一般成年人缝制一件羊皮袄需要6到8张羊皮。羊皮袄的男女样式基本相同，只是在边饰上有所不同。妇女的羊皮袄用彩绸包边，条件好的人家会用一掌宽的水獭皮镶边；男皮袄用黑布包边，条件好的人家领子用羊羔皮。皮袄里面配有大襟衬衣，男士以黄、白色为主，女士则以紫、红、绿色为主。牧民习惯脚穿藏靴，藏靴藏语叫“罕木”。“罕木”用牛皮制成，靴筒呈红色，靴底呈黑色，一般不分男女，冬天靴内填充有牛毛，用来保暖，夏天取出。高原地区海拔高，天气变化快，牧民有头戴毡帽的习惯。这种叫“夏甲”的藏帽帽边宽大，可以遮阳挡风，深受牧民群众的喜爱。

移民搬迁后，牧民服饰发生了很大的变化，由藏族传统的服饰变为轻快、简洁的汉族服饰，户外服、夹克、牛仔裤成为移民喜爱的着装。究其原因，一方面在于搬迁后，移民穿着传统藏族服饰在劳动时较为不便；另一方面搬迁后距离集市较近，便于购买服装（图5-17）。

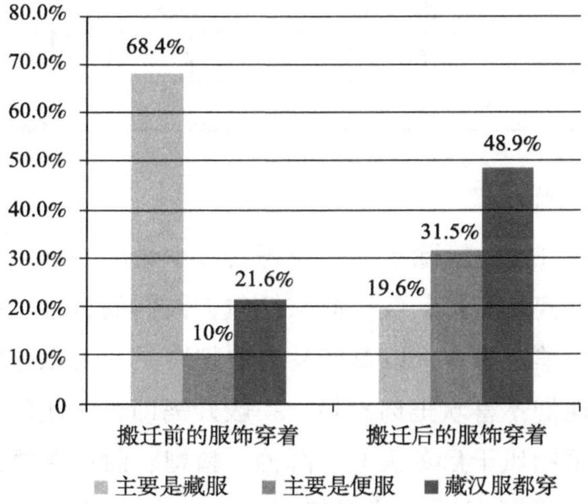

图5-17　移民搬迁前后服饰的变化

数据来源：调研数据整理。

访谈5-9　512移民社区移民　女　18岁

问：搬迁后你的生活都有哪些变化？

答：有很多变化，但现在慢慢趋于同化了。原来我们主要是讲康巴语，但是现在基本上在学校说那曲那边的安多语，所以越往后我们遗忘本民族语言（康巴语）的可能性很大。至于服装方面，他们（格尔木唐古拉山移民）反而受我们的影响，具体不太清楚，我个人认为我们的穿着比较好看（精致）。唯独不一样的是他们至今还穿皮毛服装，我们很早以前就不穿了。

在服饰方面，移民对服饰满意度均值为 3.93①，介于基本满意与满意之间（表 5-2）。服饰变化体现了生活观念的改变，可见大部分的移民开始接受并自觉形成新的城市生活理念。在黄南州河南县特合土移民社区，我们见到一户移民家庭，该移民家庭是蒙古族，全家身穿藏服，因此可以看到生态搬迁后的文化融合情况。

表 5-2 移民的满意度调查（服饰）

满意度	频度（人）	有效百分比（%）	累计百分例（%）
非常满意	179	21.5	21.5
满意	452	54.3	75.8
基本满意	163	19.6	95.4
不满意	38	4.6	95.4
非常不满意	0	0	100.00

2. 饮食结构变化情况

千百年来，三江源地区除果洛州班玛县有少量的耕地之外，大部分地区为纯牧区。由于远离产粮区，气候高寒缺氧，人们的饮食结构基本相同，都以酥油、糌粑、牛羊肉为主，以畜产品换取粮食是一直以来的做法。肉是牧民主要的食物，他们不喜欢把肉煮烂，一般开锅即食。此外牧民还有吃生肉的习惯，习惯把鲜肉风干后冬天吃。酥油、糌粑、曲拉在牧民的生活中也是不可缺少的食品。糌粑即炒熟的青稞面，加上少许酥油，再加入一点曲拉（奶渣），倒入茯茶，用手搅拌均匀吃，这对牧民来讲就是一顿美味。米、面在过去只有上等人家才可以吃到，一般牧民家吃不起。搬迁后，由于市场上牛羊肉价格较高，移民饮食结构中的肉食品逐渐减少，面、蔬菜、水果的比例逐渐增加，但酥油、糌粑仍是移民生活中的主要食物。

① 根据数据分析得出满意度均值。余同。

在饮食方面，移民对饮食的满意度均值为3.80，介于基本满意与满意之间（表5-3）。我们可以看到搬迁后移民的饮食结构越来越丰富，水果、蔬菜的比重有所提高，但肉制品的比重有所降低。同时，由于搬迁后，牛奶、酥油、牛羊肉都需要自己购买，价格较高，移民在饮食方面的开支较大，成为移民不满的主要原因。

表5-3　移民的满意度调查（饮食）

满意度	人数（人）	比例（%）	累计比例（%）
非常满意	153	18.4	18.4
满意	421	50.6	69.0
基本满意	201	24.2	93.2
不满意	56	6.7	99.9
非常不满意	1	0.1	100.00

3. 教育情况

过去藏区的教育主要集中在两部分，一部分是政府开办的公立学校所开展的国民教育，另一部分是寺院经堂和佛学院所开授的宗教文化教育。寺院不仅传播宗教文化，还讲授包括天文、地理、医学、历算在内的自然学科知识，寺院为藏区培养了大量藏医、唐卡化师、说唱艺人，对藏区的文化传承和文化普及起到一定的作用。现在，基础教育在三江源地区已经得到了普及，特别是在“控辍保学”下，三江源地区的入学率已达到98%以上。搬迁前，由于牧民居住分散，孩子们一般到邻近集镇的寄宿制学校上学，但学校办学条件差、师资不足，图书资料、实验器材、体育器材十分匮乏，物理、化学实验课无法进行。因此教育（子女上学便利）成为最吸引移民到移民新村居住的“拉力”（图5-18）。

搬迁后，政府按照国家校舍建设标准和教学设备配置标准，对移民社区所在镇的现有的各级各类学校进行了改扩建。扩建标准结合三江源地区校舍实际情况，参照《农村普通中小学校建设标准》（建标109—2008）和《中等职业学校建设标准》进行，其中小学按每学生13.31平方米的综合标准扩建，初中生按每学生16.75平方米的综合标准扩建，高中和职业学生按每学生18.37平方米的综合标准扩建。规划除唐古拉山镇和称多县各扩

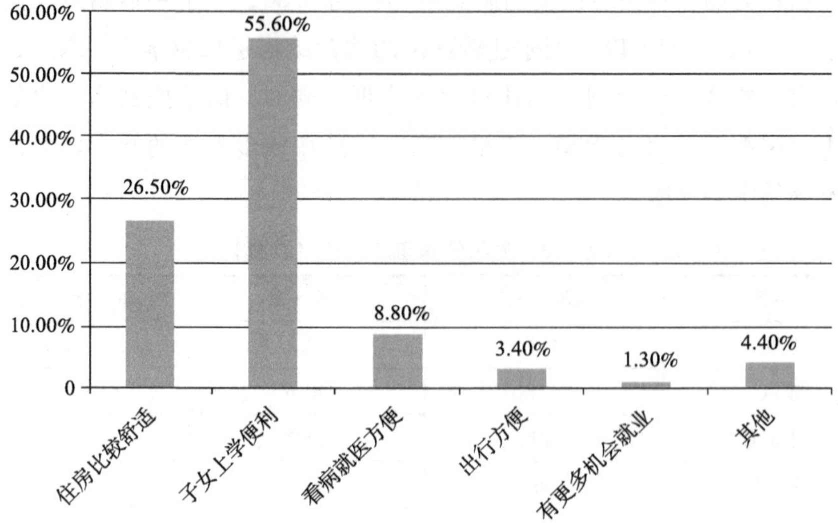

图 5-18 最吸引移民到移民新村居住的原因

数据来源：调研数据整理。

建1所小学、治多县和杂多县各扩建2所小学外，其余各县扩建3所小学、2所初中，每州扩建1所高中、1所职业学校（同时可作为农牧民科技培训基地，满足农牧民转产就业技能培训的需求）。为了缓解生态移民子女集中就学的压力，切实保障孩子们公平享受教育资源，政府在集中安置的社区建立了幼儿园，情况比较特殊的比如玛沁县和同德县，各新建1所寄宿制学校。

从2015年开始，三江源地区实施了学前教育发展工程，推进学前教育多元化的办学体制改革，对农牧民子女和城镇生活困难子女实行学前教育免费；对高中就读的农牧民子女实行免费教育。搬迁后，由于采取集中安置方式，移民村建立了自己的幼儿园，小朋友们实现了在家门口入园，义务教育的孩子们也走进了宽敞明亮的教室，享受到了更好的教育。当我们问道："搬迁后，孩子们上学是否更加方便？"时，39.10%的移民认为非常方便，50.10%认为方便，8.70%认为基本方便，认为方便的比例高达97.9%（图5-19）。

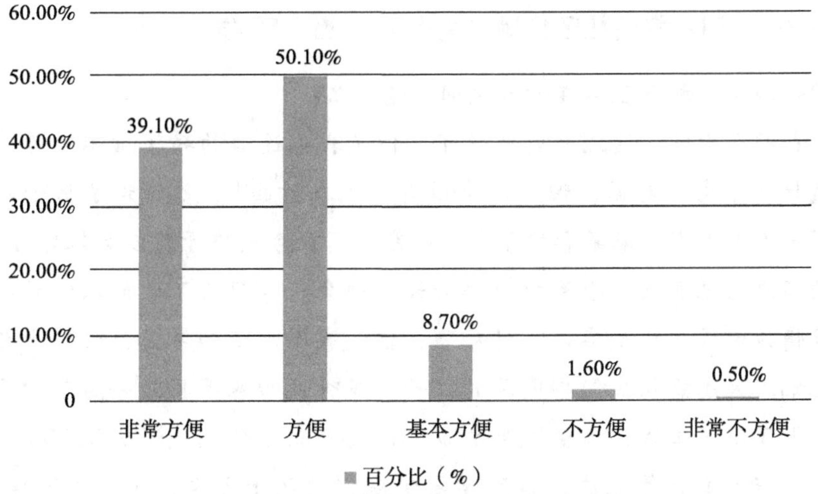

图 5-19　搬迁后，孩子们上学是否更加方便？

数据来源：调研数据整理。

访谈 5-10　411 移民社区移民（跨县）　男　46 岁

问：搬迁后，你们家的孩子上学是否更方便？

答：方便多了。

问：具体什么情况？

答：比如孩子入学和转学，只要和隆务镇的工作人员说一下就行，他们对我们和这里居民一样。

但与此同时，对于跨州安置的格尔木昆仑民族文化村的移民来讲[①]，由于学籍问题，孩子们上学又遇到了新问题。

① 根据《青海省三江源自然保护区生态环境保护和建设总体规划》，2006 年曲麻莱县在曲麻河、叶格两乡实施生态移民项目，共搬迁格尔木市城南郊区戈壁滩 240 户（1760 人）。此批移民成为曲麻莱县三江源项目的首批移民。在移民安置点建立了跨地区生态移民村"曲麻莱县格尔木昆仑民族文化村"，这是目前玉树地区范围内唯一跨区域的三江源生态移民村。2006 年昆仑民族文化村成立时，共有 240 户（1760 人）；2007 年至今，随着游牧民定居点工程的实施和精准扶贫易地搬迁项目工程的实施，社区长期居住牧户达到 1241 户（5000 余人）。

访谈 5-11　512 移民社区移民（跨州）　男　52 岁

问：现在，村子里存在的最大问题是什么？

答：孩子上学，这几天要开学了，但是我们这边的孩子上不了学。我们家没有什么学生在对面，但是我亲戚有学生在对面①。之前为了孩子入学的事，家里人天天在曲麻莱和格尔木之间跑，听说今天终于可以办入学手续了，不然的话真的很麻烦。今天村干部们开了个会，专门讲了之前入学的难度和一些事情，学校招生确实是一件难事，但是我个人认为不是条件不允许，应该是他们不太愿意收我们移民区的孩子。我听说曲麻莱县领导为了学生入学的事情做了很多工作，希望格尔木市可以接收孩子们。我还听说领导们开了一次会，好像是打算在这儿建所学校供我们的孩子上学，如果是这样的话，我觉得简直太好了。所以我个人认为只要上面解决了孩子上学的问题，其他的问题我们可以自己解决。

访谈 5-12　QM 县移民社区工作人员　男　42 岁

问：村子里的孩子们上学遇到了什么问题？

答：这几天，孩子们马上就要开学了，对面长江源小学 70% 以上的学生是我们曲麻莱县的孩子，所有学生的助学金只要是国家批的，都是他们在享受。现在他们不愿意再接收我们的学生。最近还碰到了一个非常头疼的问题，就是精准扶贫的易地搬迁项目。我们县在这边建了将近 604 户移民定居点，当然原来的小学（对面的）基本上能饱和，但是现在接了精准扶贫的项目以后，604 户的孩子们上学就成了问题。长江源小学的意思是那么多的学生他们收不了，所以精准扶贫的易地搬迁项目碰到了很多难题。最近精准扶贫中提到的一点是"教育脱贫"，这样一来这 604 户孩子们没法上学，以后就实施不了"教育脱贫"。

问：为什么会发生这样的情况？

答：现在移民逐步增加，他们学校的师资力量不够，如果招老师的话，编制和薪酬他们没有办法解决。但是如果根据国家教育政策，想个办法不是

① 对面指的是唐古拉山镇的安置小区，两个安置区隔街相望。

不可以解决的，只是他们不愿意解决。他们现在要求我们曲麻莱县解决（从曲麻莱转到格尔木）30 个老师的编制和薪酬问题。就全玉树州来讲，缺老师的现象普遍存在，而且很严重，那么曲麻莱也不例外，现在为了这个事情，我们也束手无策。

前段时间我们县领导还专门为了这事来过一次，问了一下我们的看法，向学校也提了很多要求，回去后向州县领导也汇报了这里的情况。这次又和格尔木市里的相关领导来协调了这些事情，说是明天能报到了。

问：这些上学的孩子都是移民村的吗？

答：是，都是新增户。我们村现在新增户有 130 多户（户口已经分开好的，还有部分未能分开的未计数）。自搬迁以来一直没有解决新增户、房屋维修等问题。自来水修过一次，电网维修是格尔木管的，市镇建设属曲麻莱管，而曲麻莱离这儿太远，所以我们处在一个非常尴尬的位置。

问：村子里的孩子有没有回曲麻莱上学的？

答：有，不多，孩子基本在对面①上学。（对面）这所学校刚开始建设时，我们也想在格尔木建一所属于我们的学校，但是这个要求无论是在海西州、省都没有得到支持，意思是两个村有一所学校就行。

问：当时修建这所学校是谁出的资金？

答：不太清楚，这个应该属于国家项目，格尔木和曲麻莱县（政府）各出了一部分。但是曲麻莱（政府）当时好像答应出 20 万左右，格尔木出 200 万，这样一来所占比例就不同，而且听说海西州更支持这项工作（修建学校），这样以后这所学校的主办权自然归海西州（格尔木）了，因此后期（曲麻莱方面）搞得特别被动，尤其是学生入学问题。前期我们各方面都搞得挺好的，说实话无论是学校的硬件设施、教学设备、学校规模，还是学习氛围，好多市区的学校都比不上，但是后期生态移民户和精准扶贫户陆陆续续上学的孩子多了，学校就说师资紧缺，不够了，就要求曲麻莱县解决师资问题。

就此问题，我们调研后又进行了回访，了解孩子们的上学问题。

---

① 对面指的是唐古拉山镇的安置小区，两个安置区隔街相望。

访谈5-13　某县移民村工作人员　男　42岁

问：现在孩子们的上学问题都解决了吗？

答：我们州和县的领导多次和这边的教育局联系沟通，召开了多次会议，已经解决了。

问：怎么解决的？

答：我们县给了这边学校8万块钱，再从我们县给他们派了10名老师。

问：这10名老师都有编制吗？

答：2个有编制，8个是公益性岗位。

问：那现在孩子上学还有什么问题吗？

答：县籍学生在格尔木长江源民族小学和格尔木民族中学就读的，我们初步估算了一下有855人，包括在学前教育、义务教育、高中教育阶段的学生。现在还有604精准扶贫户没有完全搬进来。等这些人全部搬进来后要多出600多人。我们县召开县人代会、州人代会的时把这个问题当作一个重要提案报上去了，州领导特别重视。我们州的州长在工作报告中提到了这个问题，说全州共建三所学校，其中一所九年制义务教育学校就设在我们这里。但是目前，民族中学在格尔木市区，距移民区较远，该校寄宿条件有限，而县籍中学生走读生居多，学生每天往返学校的交通费用是很多家庭无法承担的。就此问题，办事处曾与市公交公司协商过，设了一个接送校车，一年费用8万多元。

可以看到，户籍、师资、基础设施建设成为影响移民搬迁后孩子上学的主要因素。特别是在我国长期以来实行的“分级办学、分级管理”的义务教育管理体制下，各级政府在义务教育的学校设置、经费划拨、师资配备方面都以当地户籍人口为准，非当地户籍人口被自然排除在外，这一点与义务教育制度的公平原则是相违背的。

在教育方面，移民对搬迁后的教育方面满意度均值为3.91，介于基本满意与满意之间。可以看到，生态移民工程的实施在一定程度上提高了三江源地区的教育水平与教育质量，但还存在“上学难”问题，成为移民不满意的主要原因（表5-4）。

表 5-4　移民的满意度调查（教育）

满意度	人数（人）	比例（%）	累计比例（%）
非常满意	202	24.3	24.3
满意	437	52.5	76.8
基本满意	115	13.8	90.6
不满意	73	8.8	99.4
非常不满意	5	0.6	100.0

数据来源：调研数据整理。

4. 医疗情况

搬迁前，由于移民居住分散，看病极为不便，大病时得不到及时治疗。

搬迁后，伴随着新型农村合作医疗筹资标准、参合率、报付比、收益率的不断提高，移民抵御大病风险的经济能力也显著增强，而且随着公共医疗体系的完善，民族医药卫生事业的健康发展，在家门口就可以得到救治。产妇住院分娩比例不断提高，婴儿死亡率大幅度下降。但由于州、县两级缺乏技术骨干人才，区域性医疗中心的防病作用和区域覆盖的功能发挥不充分；很多对口支援的设备与仪器由于缺乏专业人员而无法使用，乡村医疗卫生人员编制紧缺，进不去、下不来，留不住、难发展，成为制约该地区医疗卫生事业的关键因素。

由于移民户籍管理问题，跨县、跨州安置的移民的看病报销也成了问题。虽然跨州的果洛新村和昆仑文化新村都建了卫生室，并分别由各县卫生局派出了医生，但移民到当地医院看病时，却被要求返回迁出地进行报销。

访谈 5-14　QM 县移民新村卫生室　医生

问：请问您是哪个单位派来的？

答：曲麻莱县卫生局。

问：你们这儿有几名医生？几名护士？

答：有四名医生、两名护士，都是由曲麻莱派来的。

问：你们这个村子都参加新农合了吗？

答：都参加了。

问：你们平时工作中有什么问题吗？

答：主要是报销问题。我们县社保局每年年终来一次，他们把单子带走，回去报销把钱打给牧民，这样累积就很多。

问：那累积一年，大概有多少人次？

答：我们主要是为了方便牧民就医，比如说他们平时拿个药也给他们报销，他们打针也给报销。其他的地方输液才给报销，拿药不给你报销。他们看病都到大医院去了，我们这就看个小病，要是严重的就去西宁看病了。他们看回来我们负责把这些单子收起来，等社保局过来，让他们带回去，一年也有很多，具体的人次我记不起来了。

问：你们医务室的药品平时是自己采购还是曲麻莱卫生局给你们配备？

答：一部分在格尔木自己买，县里也给我送来一些。

问：现在老百姓看病还有什么困难吗？

答：基本没有啥问题，就是一些心血管疾病、肝包虫、胃癌什么的，比较难治，现在国家这一块政策特别好，要是严重就去西宁看了，没啥问题。

医疗方面，移民的满意度均值为3.91，介于满意与基本满意之间。满意的原因在于移民搬迁后看病就医更加方便；不满意的原因在于由于特殊的地理条件，移民高原心血管疾病等大病的发生率较高，医疗费用成为一项重大的家庭支出，同时看病报销难也成为移民不满意的原因（表5-5）。

表5-5　移民的满意度调查（医疗）

满意度	人数（人）	比例（%）	累计比例（%）
非常满意	196	23.6	23.6
满意	445	53.5	77.1
基本满意	114	13.7	90.8
不满意	71	8.5	99.3
非常不满意	1	0.7	100.0

数据来源：调研数据整理。

5. 交通出行变化情况

搬迁前，移民居住地偏远，加之三江源境内山岭起伏，河流交错，交通极为不便，因此牦牛和马就成了牧民的主要交通工具。搬迁后有的移民家庭购置了小汽车，由于靠近城镇居住，汽车就成为主要的交通工具（图 5-20）。

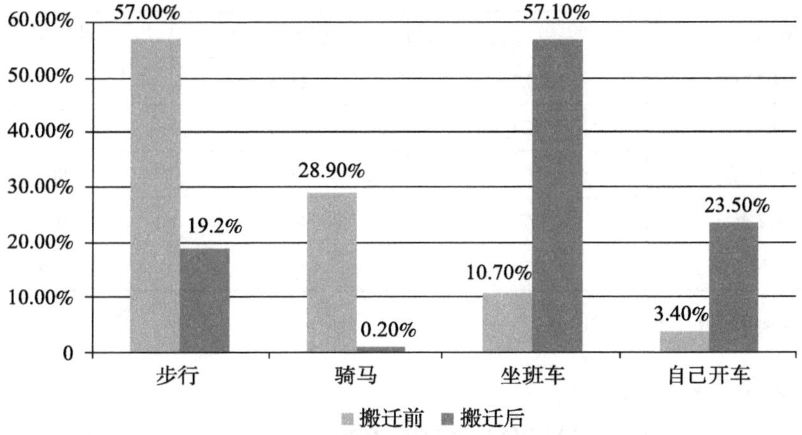

图 5-20　移民搬迁前后交通方式对比

数据来源：调研数据整理。

伴随着交通方式的改变，移民的出行距离也发生了变化，出行范围逐步从县内扩展到省内、省外（图 5-21）。

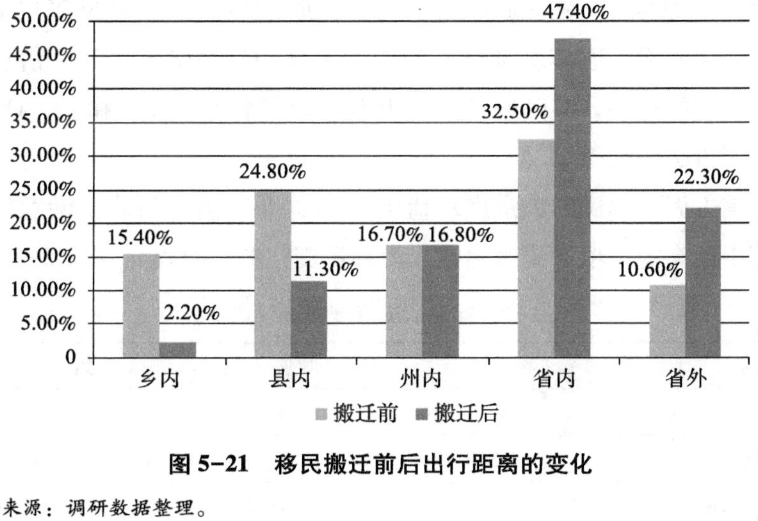

图 5-21　移民搬迁前后出行距离的变化

数据来源：调研数据整理。

交通方面，移民对搬迁后交通出行方面的满意度均值为 3.94，介于基本满意与满意之间。满意的原因在于交通出行更加方便了。不满意的原因在于由此带来的家庭支出也增多了（表5-6）。

表5-6 移民的满意度调查（交通）

满意度	人数（人）	比例（%）	累计比例（%）
非常满意	227	27.3	27.3
满意	424	51.0	78.3
基本满意	101	12.1	90.4
不满意	73	8.8	92.2
非常不满意	7	0.8	100

数据来源：调研数据整理。

6. 通信情况

搬迁前，三江源地区村级通信和网络覆盖率低，信息通达程度不高。由于移民分散而居，无固定电话和网络覆盖，对外沟通缺乏，信息获取量少。仅以报纸投递为例，在果洛州部分地区，日报变月报的现象时常发生。目前三江源地区通信基础设施以光缆为主，微波、卫星为辅，基本形成了县级以上立体传输网，基本实现了三江源地区长途传输的数字化与程控化，建成了本地电话程控交换网、移动通信网、数字数据（DNN）、互联网等连接省内外的现代化通信网络。通信基础设施的快速发展为移民信息咨询、信息沟通提供了更为便利的条件，移民通过手机上网获取了各种信息，微信、QQ、酷狗音乐成为手机必备软件。

在通信方面，移民的满意度均值为4.11，介于满意与非常满意之间是各项满意度中最高的一项，同时网络成为移民交往的主要媒介（表5-7）。

表5-7 移民的满意度调查（通信）

满意度	人数（人）	比例（%）	累计比例（%）
非常满意	264	31.8	31.8
满意	430	51.7	83.5
基本满意	111	13.3	96.8
不满意	25	3.0	99.8
非常不满意	2	0.2	100.0

数据来源：调研数据整理。

7. 住房变化情况

搬迁前，移民大多住在帐篷里。帐篷是从游牧时期就流传下来、适应牧民游牧生活的活动住房。三江源地区的帐篷有牛毛帐篷和棉布帐篷两类，当地人把牛毛帐篷称为“纳合仓”，普通话叫“黑帐房”。“纳合仓”是牧民固定的住所，只有搬迁草场的时候才移动。大的“纳合仓”可以容纳十几个人，小的可供四五个人居住。帐内对着入口的地方悬挂着唐卡，供有佛像、点着酥油灯；帐内中间用两个木棍支起并留有天窗，天窗下放有“吉布”（普通话意为炉灶），可在帐内生火烧水做饭。“吉布”把帐房分成了左右两个功能区，帐房左边为妇女做饭、烧茶的地方，帐边陈列着木箱、柜子，放有酥油、糌粑、炒面；帐房右边地上铺有地毯、垫子，白天用来休息，晚上可以睡在上面。除“纳合仓”之外，还有一种叫“革日”的白帐房，一般用双层白帆布制成，供临时备用居住。

随着生态移民工程与小城镇建设的实施，移民搬迁后住进了宽敞的院落和干净整齐的单元楼，有独立的厨房、卧室、厕所、客厅、储物室，家电设施一应俱全。移民搬迁前后住房变化如图 5-22 所示。

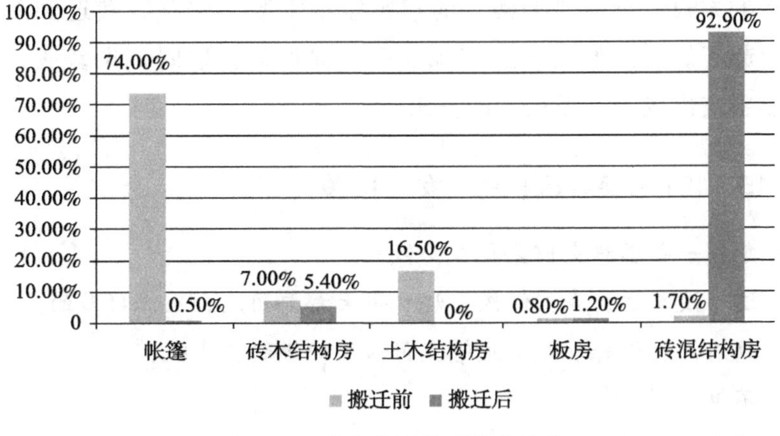

图 5-22　移民搬迁前后住房变化

数据来源：调研数据整理。

居住方式的改变带来了水、电、能源等方面的改变。饮水方面，过去牧民大多饮用河水、湖水，取水不仅费事费力，而且水中微生物含量高，对人体危害性大。搬迁后，移民社区建成了供水点，通过人畜饮水工程的实施，加强了对水源地的保护，水质有了保证，移民取水用水也更加方便（图 5-23）。

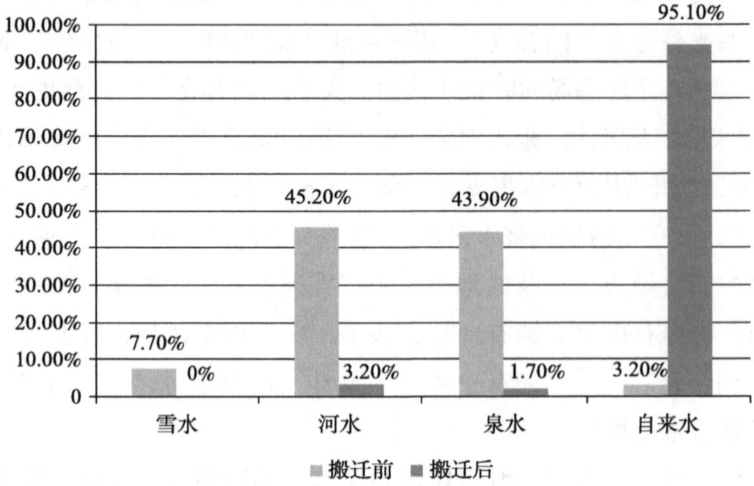

图 5-23　移民搬迁前后水源变化

供暖方面，移民的取暖条件得到了很大的改善，改变了过去单一依靠牛粪取暖的方式，集中"上楼"的移民家庭安装了暖气，搬迁到院落的移民家庭架起了煤炉。但由于三江源地区气候严寒，取暖周期较长，移民搬迁后，燃料支出成为一项很大的支出。

访谈 5-15　121 移民社区移民　女　45 岁

问：您家一年燃料支出要花多少钱？

答：这个没算过，我们做饭、烧水每天都要用煤，反正挺多的。

问：政府的燃料补助是否足够支付家里的燃料支出呢？

答：不够。

问：那么，不够的部分你们怎么解决？

答：到周围的山上捡一些牛粪，但是有时候人家也不让我们捡，还有的时候家里亲戚（家中有草场和牲畜的）给我们带一点过来。

访谈 5-16　211 移民社区移民　男　55 岁

问：您家一年燃料支出要花多少钱？

答：这个很多，我们也没有具体算过。

问：燃料补助够吗？

答：燃料不够一年的，冬天我们这边特别冷，每天都要生火，只能买煤，但是买煤的话，现在物价上涨得太厉害了，所以钱不够过一个冬天花的。

与此同时，社区生活又给移民带来了另一部分支出，水费、电费、垃圾处理费、物业管理费对移民来讲又是一笔生活开支。

访谈 5-17　411 移民社区移民　男　52 岁

问：你们家一个月水电费大概是多少钱？

答：电费一个月 100 多元，水费一个月 20 多元。

问：需要交物业费吗？

答：不用，但是一年要给门卫 1 万元。

问：按户交吗？

答：不是的，我们整个村。

问：水电费这块大家有负担吗？

答：还行，我们这边大家都还可以。

访谈 5-18　MQ 县移民社区管理人员　男　35 岁

水电费这块，现在水费我们是不收的，电费是他们自己用卡去买，但是垃圾费、物业费这块很麻烦，他们不愿意交。

住房方面，移民的满意度均值为 3.43，介于基本满意与满意之间，“非常满意”“满意”“基本满意”三项合计占比达 75.4%，选择“不满意”“非常不满意”的占比达 24.6%（表 5-8），满意度较其他方面相比较低。分析其原因，可以从我们对最吸引移民搬迁到移民新村居住的原因中看出，吸引移民搬迁的最重要的“拉力”是教育，其次是住房，再者是医疗。可见移民在搬迁之初对住房寄予很大的希望（图 5-24）。

表 5-8 移民的满意度调查（住房）

满意度	人数（人）	比例（%）	累计比例（%）
非常满意	137	16.4	16.4
满意	318	38.2	54.6
基本满意	173	20.8	75.4
不满意	177	21.3	96.7
非常不满意	27	3.3	100.0

数据来源：调研数据整理。

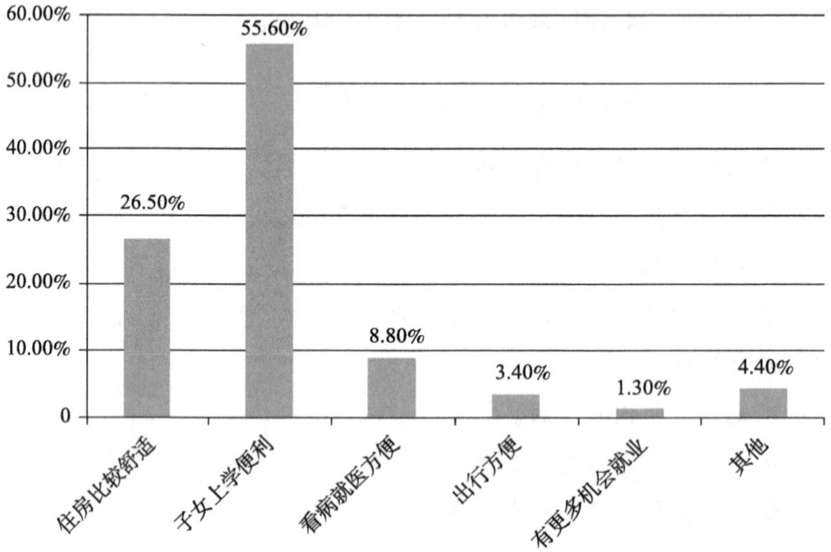

图 5-24 最吸引移民搬迁到移民新村居住的原因分析

数据来源：调研数据整理。

由于三江源生态保护与建设工程是以 2003 年的人口和户数为标准实施的，在制订生态移民搬迁计划时并没有考虑生态移民搬迁后的新增户安置问题，这样就导致几年后因移民子女结婚成家而出现新增户无法解决住房的问题。随着家庭人口的增加，移民生活面临新的困境。同时生态移民工程房屋造价也是以青海省 2003 年的价格为基准制定的，未考虑建材价格上涨问题，随着工程周期的延长，投资标准低，房屋质量也存在一定的问题。再者，生态移民社区建成已有十余年，由于缺乏维修基金，移民房屋及基础设施因失修破旧，这些因素在一定程度上影响了移民对住房的满意度。移民对搬迁后的房屋不满意的原因如图 5-25 所示。

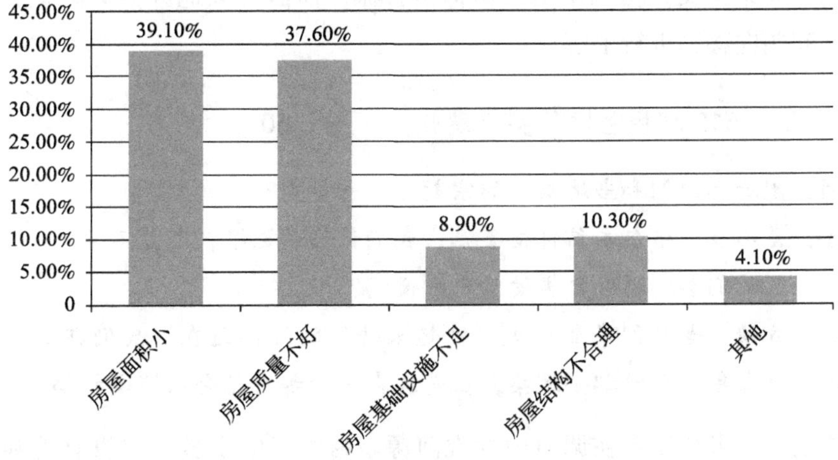

图 5-25　移民对搬迁后的房屋不满意的原因分析

数据来源：调研数据整理。

访谈 5-19　411 移民社区移民　男　52 岁

我们现在最大的困难就是，儿子结婚了，家里人口多了，但是只能在一个屋里面挤着，很不方便。这套房子 60 平方米，却要住 6~7 个人。

访谈 5-20　211 移民社区移民　男　40 岁

屋顶漏水，墙壁都开裂了，没办法，我们只能自己找人来修理。

可见，住房问题是移民在安置中最能切实感受到、体验到的政策实施效果，也是移民最为关注的问题。

8. 宗教活动情况

三江源地区藏族全民信仰藏传佛教，宗教意识已经深深渗透到经济、文化、社会生活的方方面面。同时，在牧民心中还崇信“神山”“圣湖”，但不同地区的信仰教派不同①。果洛、黄南、海南地区信仰的主要是格鲁派，玉树地区主要信仰萨迦派，不同教派之间教义也有所不同。比较典型的是格尔木地区的曲麻莱移民，格尔木地区信仰格鲁派，而曲麻莱地区信仰萨迦派。我们就此问题向移民进行了解。

访谈 5-21　512 移民社区移民（跨州）　男　50 岁

问：搬迁后你们和当地居民的宗教信仰一样吗？

答：差不多。格尔木信仰格鲁派，我们信仰萨迦派，都差不多。

问：那你们参加转经之类的活动方便吗？

答：方便，老乡们早上三四点钟起床转经的习俗还在。我们在离这儿不远的山上，每年过年时都去煨桑，但是现在一般都去昆仑山煨桑祈福②。

之前，学者杜发春在调研中发现河源新村牧民的宗教需求没有得到相应地满足③，在宗教活动方面存在一定的不适应性。为此，我们就此问题向玛多县的移民进行了访谈。

访谈 5-22　212 移民社区移民　50 岁　男

问：我从之前的研究中发现，搬迁后的老乡在宗教信仰这块有些不适应，主要是因为信仰教派不同，现在还有这种情况吗？

答：这个没什么矛盾，因为如果说在自家念经的话，那我是萨迦派的，我念萨伽派的经；他是格鲁派的，他就念格鲁派的经；如果说要去寺庙里面朝拜呀，或者要是去转经的话，这也不影响。因为果洛州有很多寺庙，所以他们各自去各自寺庙里朝拜和转经。比如萨伽派的活佛要开法会、开庙会、念经，如果你是萨伽派的，直接过去就可以了，不去也没问题，所以这个没什么矛盾。

问：是否存在不方便的情况？

答：这个不存在。他该是萨伽派的还是萨伽派，他该是格鲁派的还是格

① 藏传佛教主要有觉囊、噶举、格鲁、萨迦四个不同的教派，各个教派由于传入时间、修行方式和传承系统不同，在佛寺分布、寺院建筑、仪轨、教义方面也不同。

② 煨桑，是藏族一种祈福仪式，将松枝、糌粑燃起散发出青烟，具有祈福、驱邪之意。

③ 杜发春．三江源生态移民研究［M］．北京：中国社会科学出版社，2014.

鲁派，不会变的。这边当地人的家里出事了，需要念经的话，会去找一个跟他同一个信仰的人，不会去找一个跟他不一样信仰的人。

问：果洛新村有这样一个问题，因为人过世以后要念经，可是同德没有念经这个习俗，很多人认为请师傅从果洛到同德念经很不方便。

答：这个是整个家族的做法，若你是格鲁派的，你就要念格鲁派的经，就是因为这个原因，所以才会有这种问题。但是现在同德那边儿，比如家里人出事之类的要请活佛念经，他们就会请同德那边离他们最近的一个寺院里面的活佛，他们不在意是不是一个派的，具体请什么派的都不重要。比如说，他是学佛教的，是做善事的、慈善的，而你是国家公务员，就比如说公安，虽然你们两个的工作性质不同，但是作用是一样的，他是赶坏人，让人做好事，用心灵净化人的心；你是抓坏人，让他去当好人，作用是一样的，就是性质不同。

可见，由于宗教信仰的一致性与包容性、共生性，移民在宗教方面并没有产生不适应。

宗教方面，移民的满意度均值为4.0，属于满意。原因在于，一方面，三江源地区全民信仰藏传佛教，另一方面，千百年来不同藏族教派在三江源地区的不断融合，在一定程度上提高了生态移民在宗教方面的适应性（表5-9）。

表5-9　移民的满意度调查（宗教）

满意度	人数（人）	比例（%）	累计比例（%）
非常满意	242	29.1	29.1
满意	406	48.8	77.9
基本满意	134	16.1	94
不满意	43	5.2	99.2
非常不满意	7	0.8	100.0

数据来源：调研数据整理。

对于“搬迁后参加宗教活动是否方便”这一问题，23.80%的移民表示非常方便，54%的移民表示方便，18.80%的移民表示基本方便，表示不方便与非常不方便的移民占比只有3.40%（图5-26）。

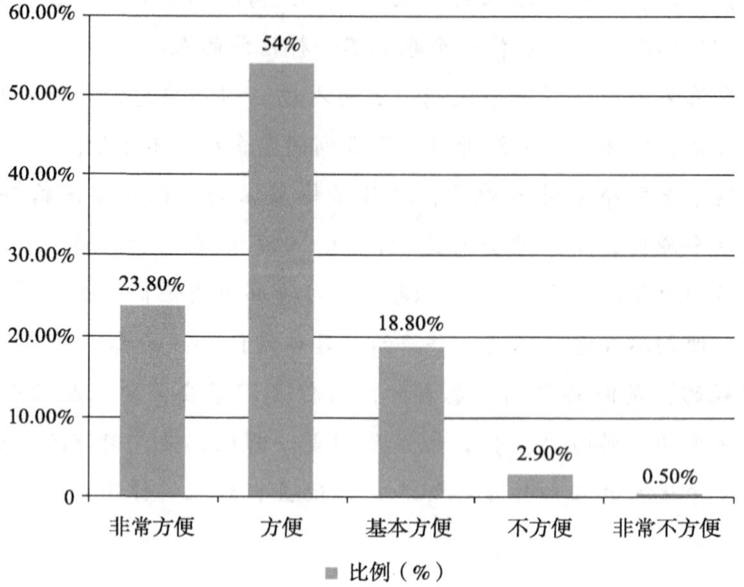

图 5-26　搬迁后移民参加宗教活动方便程度调查

数据来源：调研数据整理。

9. 支出变化情况

移民搬迁前后生活主要支出情况如图 5-27 所示。搬迁前，移民生活在草场，每日逐水而居，喝的是河水，用的是太阳能，烧的是牛粪，不用支出水、电、燃料费；生活所需的肉、酥油、曲拉等都可以自给自足，不需要购买。迁居城镇后，牧民成为介于牧民和城镇居民之间的特殊群体，既不同于牧民可以通过自家牧场获得生活资料，也不同于城镇居民可以通过从事各种职业获得稳定收入，但同时移民又和其他城镇居民一样，承担着城镇生活所需的各种费用和开支。

从移民搬迁后的支出结构来看，主要支出在日常生活资料的购买和生活质量的改善方面，食品占绝大的比例，其次是教育和医疗。究其原因，一方面，受传统生活习惯的影响，食品中的肉、酥油、曲拉的消费比重较大；另一方面，移民搬迁后，孩子们的入学率提高了，教育质量也提高了，孩子们考上了高中，有的甚至考到了外地上大学，教育成为一项重要的支出。

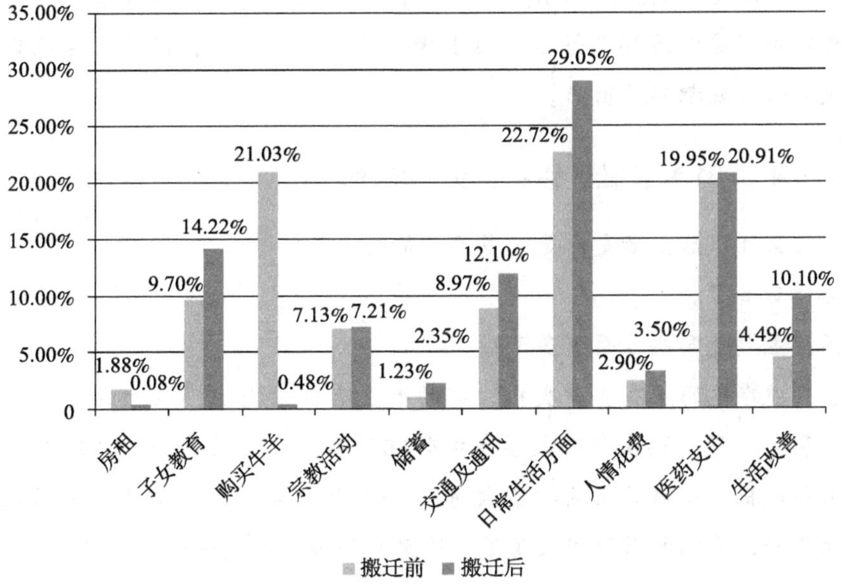

图 5-27　移民搬迁前后生活主要支出情况对比

数据来源：调研数据整理。

与此同时，通过对移民搬迁前后收入变化、支出变化情况的对比（表 5-10至表 5-11）可以看到，搬迁后，48.4%的移民表示收入变多了，41.5%移民表示收入没有发生变化，10.1%的移民则认为收入变少了；95.6%的移民认为搬迁后，支出变多了。

表 5-10　移民搬迁前后收入变化

	变多了（%）	不变（%）	变少了（%）
搬迁前后收入变化	48.4%	41.5%	10.1%

数据来源：调研数据整理。

表 5-11　移民搬迁前后支出变化

	变多了（%）	不变（%）	变少了（%）
搬迁前后支出变化	95.6%	4.4%	0

数据来源：调研数据整理。

访谈 5-23　212 移民社区移民　女　38 岁

问：搬迁以后生活支出是变多了还是变少了？

答：生活支出明显比以前多了。现在我们主要依靠政府补助，虽然有补助，但物价不像以前那么低了。由于物价特别高，所以我们的生活花费变多了。没有钱，就都不敢出门。

访谈 5-24　231 移民社区移民　女　26 岁

问：搬迁以后生活支出是变多了还是变少了？

答：变多了。

问：主要是哪些方面变多了？

答：现在吃的没有多少支出，穿的也没有什么支出，最大的支出是妹妹的学费和生活费，她在青海大学水电学院读书。我爸爸、妈妈分别在乡政府当门卫和司机，目前家里主要靠大哥在工地上干活养家。此外我妈妈的身体本来就不好，看病的医费用太高了。这里东西都很贵，生活成本很高。

访谈 5-25　114 移民社区移民　男　40 岁

问：搬迁以后生活支出是变多了还是变少了？

答：变多了。

问：主要是哪些方面变多了？

答：吃的用的，乱七八糟的。

问：和搬迁前有什么不同？

答：现在我们家里花钱的地方很多，比如孩子们上学要花钱，去年我媳妇到西宁做手术也花了很多钱。以前我们在山里，牛粪不用买，牛奶也不用买。现在牛粪要买，我们想到周围的巴塘那边去捡一点儿，但人家不让我们捡，我们只能买，可是一袋牛粪要二三十块钱，我们买不起。

问：政府给每户配有燃料补贴，燃料补贴的钱够买燃料吗？

答：肯定不够，一年四季都要做饭，还要取暖。不管够不够，我们做饭也要煤，烧水也要煤，取暖也要煤，这里煤卖得很贵，我们也只能这样了。

问：您家一年大概多少水电费？是否有负担？

答：我 3 月份交了 300 多，7 月份用完了。我大概算了一下，一个月大概 60 元左右。水费没有交过，因为我们这边水管坏了，一直没有修，他们水泵不上来，现在天天在下面打水喝。

访谈 5-26　322 移民社区移民　女　20 岁　现在湖北读高中

问：你现在面临的最大的问题是什么？

答：学费和生活费，我每次回来都打工，一个月差不多 2000 元，用来当下学期的生活费。一学年学费要 5000 多元，我们只要负担一半的学费就行，另一半由我们当地教育局负担。刚开始里州教育局会每个月给我们的饭卡发 650 元的生活费，但从第二个学期起就没有了。

问：你们去湖北读书，是你们果洛州的政策吗？

答：是的。我们中考后自己填的志愿，我当时并没抱多大希望，没想到被录取了。当时是州教育局的一个人组织带队领我们过去的，后来我们对路熟了，假期就自己返校回家。

10. 语言情况

三江源地区主要语言为藏语和普通话，为了让移民更好地适应新的生产、生活环境，各级政府开设了各种文化班，帮助移民提高他们的语言适应能力。三江源生态移民的语言适应情况分为两种：对于乡内安置、跨乡（县内）安置、跨县安置的移民来讲，他们只需学习好普通话，提高普通话沟通能力即可；对于跨州安置的移民来讲，他们不仅要提高普通话沟通能力，还要适应迁入地的藏语表达习惯。比较明显的是格尔木的昆仑民族文化新村，昆仑民族文化新村属于曲麻莱县的移民安置村，曲麻莱地处玉树藏族自治州，原属藏语康巴语系，而格尔木地处海西蒙古族自治州，当地藏语融合了西藏拉萨语、青海安多语，这对移民群众来讲又是一项挑战。

访谈 5-27　244 移民社区移民　男　32 岁

问：搬迁后，你们生活面临最大的问题是什么？

答：找不到工作，没有收入，我们村的人出去当搬运工都成问题，人家不愿意要我们。

问：为什么？

答：因为语言沟通太难了（本来语言上就有差别，尤其是普通话，过去在山里并没有什么语言上的训练），不管你去做什么，首先最基本的要求是会双语（普通话和藏语），如果你连语言都无法熟练使用的话，那些招聘者也不愿再找人去帮你做翻译，嫌麻烦。不过，我们搬到乡里之后，政府做了很多短期的技能培训，比如摩托车维修、汽车维修等。班玛县的移民区有个专门组织干活的机构，相当于中介一样，带队打工（劳力活动：比如装卸、搬运东西等）。有部分从小以放牧为生的人搬迁过来后很难生活下去，只能靠政策补偿和生活补助，这一代人很难再做出改变。所以我们打算给他们的下一代做工作，支持孩子上学并尽全力让他们上完大学，好留在城里。

访谈 5-28　512 移民社区移民（跨州）　男　48 岁

现在慢慢趋于同化了。我们的孩子本来说玉树的康巴语，但是移民后，在学校说那曲县边界的安多语，随着时间的推移，孩子将本民族语言遗忘的可能性越大。

访谈 5-29　512 移民社区移民（跨州）　女　16 岁

问：你在学校和同学沟通用安多语、曲麻莱语还是普通话？

答：用安多语。

问：在家里讲安多语还是曲麻莱语？

答：在家跟父母讲曲麻莱语，到学校讲安多语，读书用安多语。平时聊天时交替使用安多语、曲麻莱语和普通话。

课题组在调研中还发现一个特殊的情况，黄南州河南县的德日隆社区中有 7 户移民是蒙古族[①]。他们虽然是蒙古族，可是讲的是藏语，因此可以看到人口迁移带来的语言文化变化。

访谈 5-30　431 移民社区移民　男　高一　19 岁　蒙古族

问：你会说蒙语吗？

---

① 河南县（河南蒙古族自治县）是青海省唯一的蒙古族自治县，东临甘肃夏河县，南接甘肃玛曲县，西接青海果洛玛沁县，地理位置特殊，地处青海、甘肃、四川三省的交界地带。

答：奶奶这一辈以上的会说，包括奶奶，我们开始就不会讲了。

问：你们这边的学校主要是讲藏语、蒙语还是普通话呢？

答：藏语和普通话。

问：你们的生活习惯是偏向藏族的，还是蒙古族的呢？

答：藏族。

问：你们搬到这儿后普通话讲得如何？

答：上过学的人会讲普通话。

问：你们平时一般穿的是藏服还是蒙古服呢？

答：老人们穿藏服。前几年年轻人开始穿蒙古服。

问：你们家有没有特意保留一些蒙古族的传统和习俗？

答：没有。

问：你们平时过的节日也是跟藏族的一样吗？

答：对。

问：你们名字是跟着藏族起的还是蒙古族起的？

答：是跟着藏族人起的。

问：你的身份证上是藏族还是蒙古族呢？

答：我一般说藏语，身份证上是蒙古族。

11. 对生活的总体满意度

移民安置效果好不好，关键看满意度，因此我们设计了“搬迁后，您对现在的生活满意吗”的满意度调研，结果显示非常满意的占 12.70%，满意的占 37.30%，基本满意的占 38%，不满意的占 11.20%，非常不满意的占 0.80%（图 5-28）。移民对生活的总体满意度均值为 3.5，介于基本满意与满意之间。

从满意的原因来看，移民普遍认为搬迁后住房条件，生活条件，“衣、食、住、行”，子女上学，看病就医等方面都有了很大的改善。可见，生活质量提高是移民生活感到幸福的主要原因。

从不满意的原因看，主要是移民对移民政策的不满，特别是对各种补偿的意见较大。移民认为补贴标准过低，补偿年限较少；其次是对房屋质量、

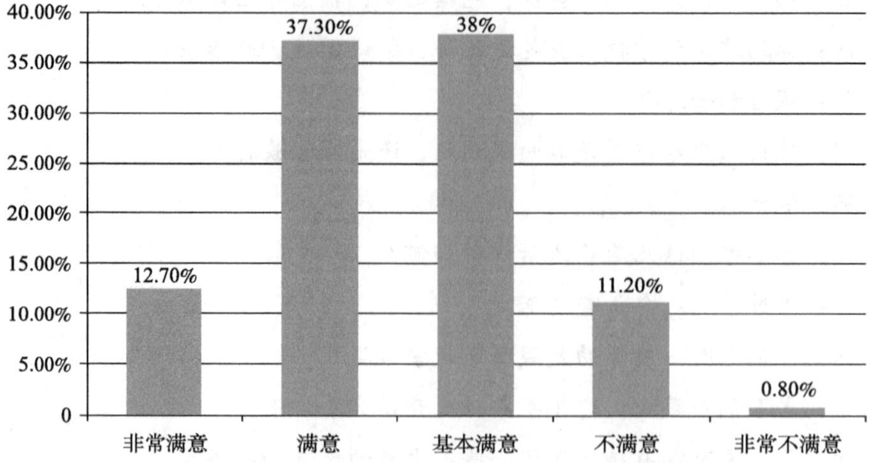

图 5-28　移民对搬迁后生活的总体满意度调查

资料来源：调研数据整理。

住房面积的不满，以及对未来生活的担忧。

访谈 5-31　151 移民社区移民　女　50 岁

问：搬迁以后生活有什么大的改变吗？

答：搬迁以后，生活各方面都挺好的，无论是交通、医疗还是教育方面都特别方便。还有就是生活有了保障，因为每年的补助都会按时发，不像以前在牧区的时候，常常要担心生活收入。但现在的问题是，虽然国家给我们发一部分钱，但是这些钱不足以维持家庭的生活，所以我们得找工作，因为我们从小生活在牧区，所以找工作特别难。

访谈 5-32　322 移民社区移民　男　34 岁

问：搬迁以后生活有什么大的改变吗？

答：现在的生活比以前好多了，因为以前生活在牧区，生活没有什么保障，现在有国家的各种补助，所以我觉得这边的生活好一点。

三、社会心理适应情况分析

社会心理适应是指外界环境变化所引起的个体心理变化程度与接纳行为。研究表明，个体的社会适应是个体根据外界环境的变化，对自身的行为和心理调节与反馈后产生的，而这种调节与反馈机制必须以心理适应为基础。

大量研究表明，迁移的经历会给移民带来创伤，表现为心理上的抑郁与压力。在李汶蔚看来，迁移会给移民带来一定的情感方面的损失，包括与亲人的分离、与过去生活的割裂①。她认为，迁移之所以会给移民带来困扰与不适，是因为迁移本身会给移民带来持续的压力。迁移后，移民不仅面临个人生活网络的改变，还会遇到制度、文化等诸多方面的困难。心理学家认为，当个人的思想意识、价值观念、知识技能、行为方式与社会环境的变化保持一致时，个人就会产生一种积极向上的心理状态，反之就会产生心理上的消极反应，并产生一系列的社会问题。

（一）社会心理适应的调试过程

三江源生态移民搬迁后面临急速的心理动荡期，他们经历了从“自我怀疑”“自我隔阂”到“自我接纳”的心理过程。在这个过程中他们对未来生活产生各种不安与焦躁、对自我认知的各种怀疑、与周围生活环境的各种隔阂，为此他们需要通过不断扩大人际交往范围，改变自己的行为方式，进行自我心理调节来适应新的生活。当然在这一过程中，政府的适度引导、当地群众对他们的接纳起到了至关重要的作用。在调研中发现，一些搬迁到距离政府所在地较近的移民，他们的思想发生了巨大的变化，不仅注重家居卫生环境和居住条件的改善，也能基本融入城镇生活，自主增收、创业的意愿强。而被安置到距离政府所在地较远的移民，特别是乡内安置的移民，对城镇生活的适应慢，家居环境脏乱不堪，“等、靠、要”的依赖思想严重。

（二）社会心理适应性情况分析

1. 自我认识

查尔斯·霍顿·库利提出了“镜中我”的理论：“一个人的自我认识是在与他人的交往中逐渐产生的，一个人对自我的认识是关于他人对自己的看法的反映，并在想象他人对自己的评价后产生的自我观念。”② 从这一理论可以

---

① 李汶蔚．迁移对女性农民工的影响［G］//城镇化与国内移民：理论与研究议题．北京：社会科学出版社，2015.

② 查尔斯·霍顿·库利．人类本性与社会秩序［M］．包凡一，王源，译．北京：华夏出版社，1989.

看出，人的自我认同是在他人对自己不断的“肯定”和“否定”中逐渐形成的。三江源生态移民从草原来到城镇，面对巨大变革，往往会产生一种角色认识上的冲突、认同上的危机和价值的失范状态，甚至形成不同于牧民又异于城镇居民的边际人格①，正如迈克尔·M. 塞尼所言“边缘化是一个缓慢的过程”②。在调研中发现，移民对自我的认识还比较模糊。

访谈 5-33　261 移民社区移民　男　46 岁

一位移民深刻地描述自己的身份：“他们说我们是牧民，但我们没有草场；他们说我们是城里人，但我们也没有户口。我们到底算什么。”

访谈 5-34　321 移民社区移民（跨州）　男　19 岁

一位在同德县上初中的男孩这样描述同学对他的称谓：“他们总是叫我果洛人。”

访谈 5-35　512 移民社区移民（跨州）女　45 岁

一位在格尔木的曲麻莱移民这样描述自己的身份：“我也不知道我是哪里人，我现在住在格尔木，但我户口是曲麻莱的。”

从心理角度来看，移民还存在“外来者标签”感。他们认为自己是“特殊公民”，可见搬迁后，移民社区融入不足，导致了一定程度上的“边缘化”。

对于身份归属，42.40%的移民认为自己是现在的移民社区的人，34.30%的人认为自己是原来村子的人，还有 21.80%的人认为自己既属于原来村子也属于现在的移民社区（图 5-29）。可见移民对自己身份的认同感不高，社区归属感不强，因此导致部分移民开始对以往的生活产生怀念，甚至有些移民产生返迁的想法。

---

① 韦仁忠．高原城市的陌生人：三江源生态移民的文化调适和社会资本重建［M］．北京：中国社会科学出版社，2016.

② 迈克尔·M. 塞尼．移民．重建．发展：世界银行移民政策与经验研究（二）［M］．水库移民经济研究中心，译．南京：河海大学出版社，1998.

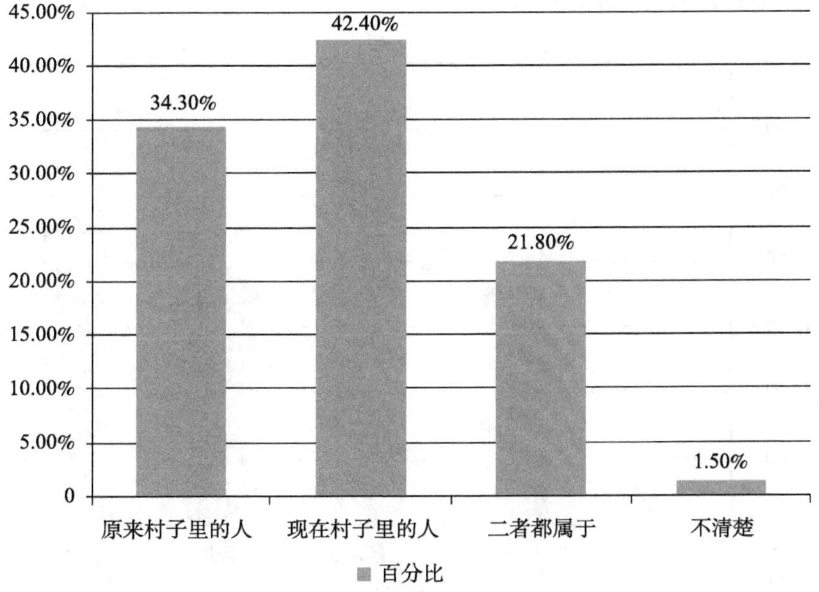

图 5-29 移民对自我身份认同的调查

数据来源：调研数据整理。

访谈 5-36 321 移民社区移民（跨州） 男 19 岁

问：你认为你是同德县的人还是玛多县的人？

答：在这里我认为我是同德县的，到果洛时我认为我是玛多县的。

访谈 5-37 512 移民社区移民（跨州） 女 35 岁

问：你认为你是哪里人？是曲麻莱的人还是格尔木的人。

答：曲麻莱的人？

调研结果显示，71.20%的移民在一定程度上会怀念搬迁前的生活（图 5-30）。从以往学者的研究来看，他们把这种怀念归结于“故土情结”，但这种怀念也是对社区归属感的一种反映。正如汪雁、风笑天等所讲，移民对社区归属感的高低在一定程度上可以体现移民工程是否成功[①]。对比之前学者的研

① 汪雁，风笑天，朱玲怡．三峡外迁生态移民的社区归属感研究［J］．上海社会科学院学术季刊，2001，7.

究，移民的社区融合度依然不高。

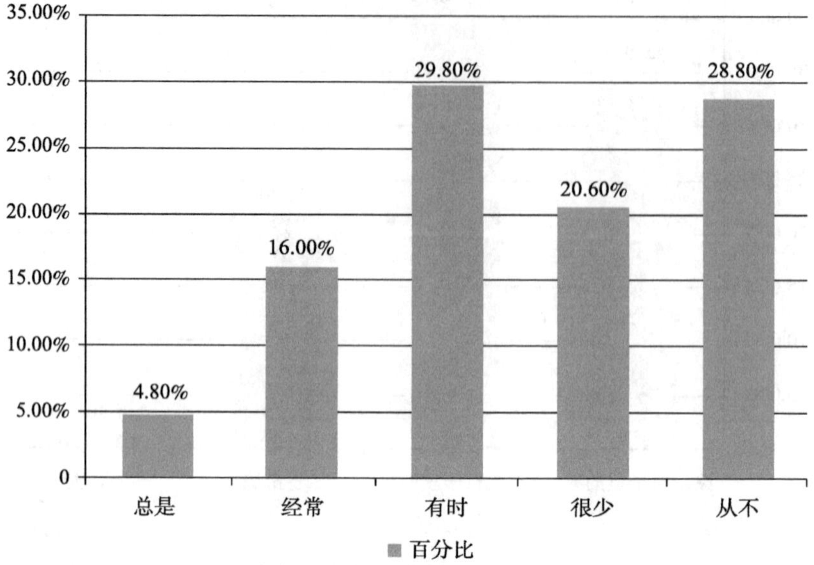

图 5-30 移民搬迁后对搬迁前生活的怀念频度调查

数据来源：调研数据整理。

2. 回迁意愿

移民项目实施的好坏，关键在于返迁率和返贫率如何。当被问到“是否有回迁的想法”时，依然有不少移民表示愿意搬回原居地生活，原因一方面是“故土情结”深深扎根在移民心中，另一方面是搬迁后生活预想与搬迁前产生差距。这一现象证明了焦克源等人的看法：移民搬迁后产业发展困难，经济边缘化伴随着心理和社会边缘化，导致移民失去自信，产生不公平感，开始有回迁的想法①。

从图 5-31 可以看出，40. 40%的移民表示没有回迁意愿，59. 60%的移民存在一定程度上的回迁意愿。愿意回迁的理由各有不同。有一部分移民不愿意回迁，究其原因，是因为实施了草场绝对禁牧，返迁之后生计问题无法解决。同时，子女上学、老人就医也成为移民不愿意返迁的重要原因。正如移

① 焦克源，王瑞娟，苏利娜．民族地区的生态移民效应分析：以内蒙古阿拉善移民为例［J］．西北人口．2008；5.

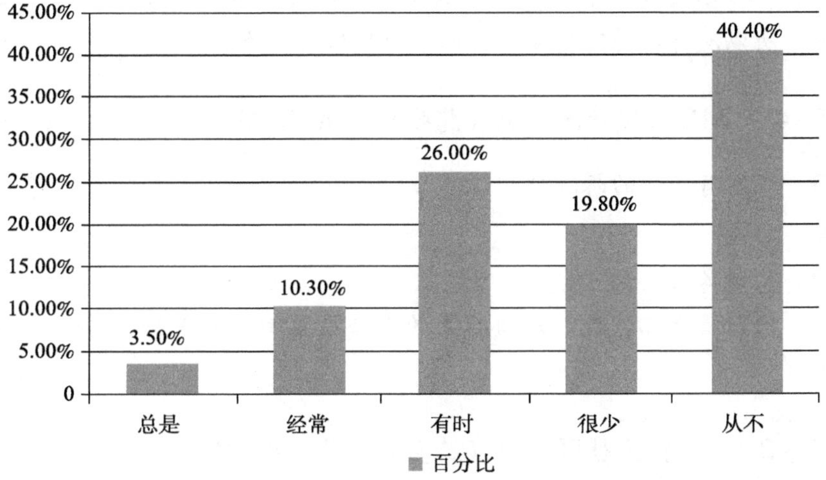

图 5-31 移民的回迁意愿调查

数据来源：调研数据整理。

民所讲：“回去以后，我们没有房子，牛羊也不让养了，我们怎么生活?”同时“孩子都在上学，回不去，也没法回去了”。

访谈 5-38 321 移民社区移民（跨州） 女 24 岁 15 年大学英语专业毕业，在家待业

问：现在有回迁的想法吗?

答：有，想回去。

问：为什么?

答：因为这边就业太难了。

访谈 5-39 152 移民社区移民 男 32 岁

问：现在有回迁的想法吗?

答：不想，老家没有房子、牲畜。

访谈 5-40 212 移民社区移民（跨县） 男 62 岁

问：现在有回迁的想法吗?

答：没有，在这里生活大概 9 年了，这么多年下来，现在已经习惯了。

如果回去的话也没有牛羊，还有那边气候条件没这边好，生活方面也没有什么保障，所以没有回去的想法，大部分的邻居回去的很少。

访谈 5-41　512 移民社区移民（跨州）　女 50 岁

问：现在有回迁的想法吗？

答：想呀。

问：为什么呢？

答：有归属感吧，我们是曲麻莱的人，应该回曲麻莱去，再说亲戚们都在那边。

访谈 5-42　231 移民社区移民（跨乡）　男　48 岁

问：现在有回迁的想法吗？

答：没有啦，因为在搬迁之前把牛羊都卖了，所以现在就是回迁的话，也没有牛羊，再说更没有买牛羊的钱，所以就不想了。

访谈 5-43　112 移民社区移民（跨乡）　男 40 岁

问：现在有回迁的想法吗？

答：有，但是现在孩子们在这边上学，我媳妇身体也不好，回去也没有牛羊了，想回也回不了。

3. 对未来生活的信心

移民对未来生活的信心，是其良好适应社会的前提。从调研数据中可以看出，13.80%对未来的生活非常有信心，40.00%表示有信心，32.50%表示基本有信心。整体来看，移民对未来的生活还是充满了信心（图 5-32）。

4. 通婚情况

婚姻是移民生活中的一个重要事项，关乎整个家庭的发展。不仅如此，伴随着搬迁，移民的恋爱观、家庭观也经历了从传统到现代的巨大转变，而这一转变冲击着这一群体的婚姻形态与家庭结构。在许多移民案例中可以看到，移民作为城镇“边缘人”的身份决定了其在婚姻观念方面的独特性，具有了传统与现代的复杂特征。同样，通婚情况也是衡量移民社会融合程度的一个重要指标。在课题组调研的移民家庭中，有 16.10%的家庭与当地人通婚

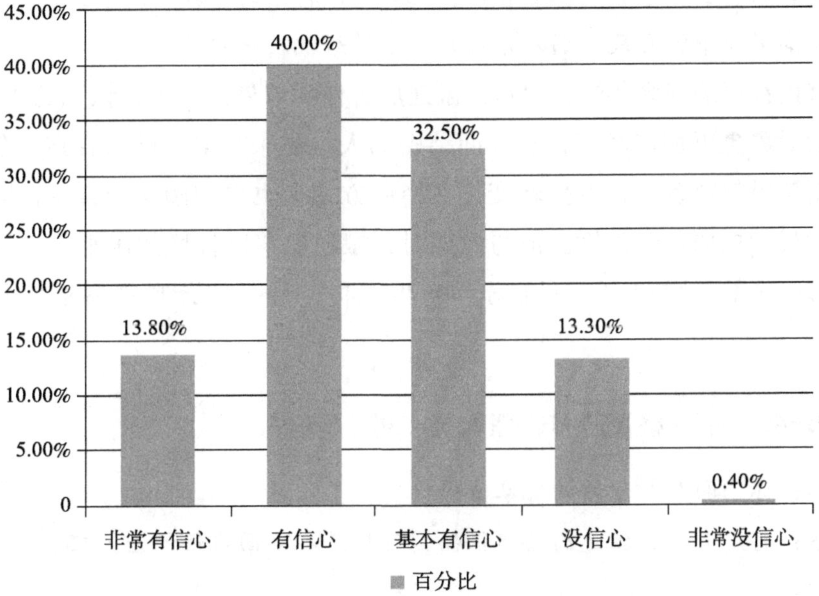

图 5-32　移民对未来生活的信心程度调查

数据来源：调研数据整理。

（图 5-33）。

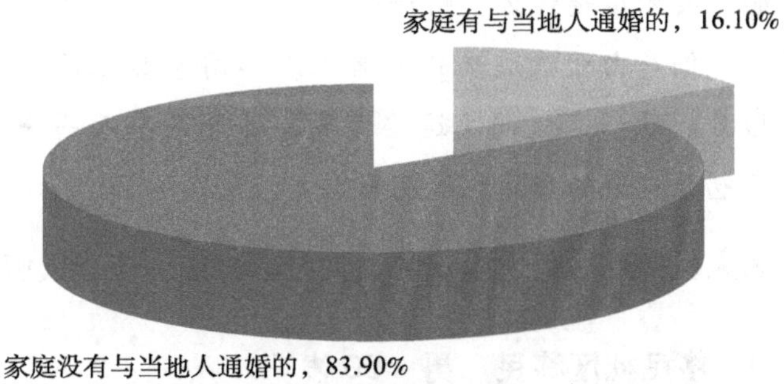

图 5-33　移民家庭与当地人的通婚情况调查

数据来源：调研数据整理。

访谈 5-44　移民的婚姻观念变化

玉树巴塘移民社区移民：她是共和的，我们是在工地打工认识的，觉得对方不错就开始交往，后来就结婚了。

黄南同仁县拉卡移民社区移民：她是对面村子的，我们两家关系不错。

海南兴海中铁移民：朋友介绍的，觉得好就在一起了。

移民社区的很多年轻人表示，搬迁后，伴随着外出务工，认识的人多了，交友的对象也更加广泛了，和外面结婚的人也越来越多。可以看到，搬迁后移民婚恋思想观念正在发生转变，在择偶方式上也更加倾向于自主，同样在择偶过程中更加趋于理性。但与此同时，搬迁后移民社区的离婚率也逐渐提高，移民区的新增户中，一部分为新生人口，另一部分则是离婚后分户产生的。

访谈 5-45　某县移民新村管理人员　男　58 岁

问：你们两个村通婚的现象多吗？

答：有是有的，但是离婚率很高，可能是各方面习俗的差异吧。

访谈 5-46　某县某乡干部　男　32 岁

问：你们移民区与非移民或外地人通婚的现象多吗？

答：有的，通婚现象很多，自然离婚的就特别多。

问：离婚的主要矛盾是什么？财产？

答：不是，我们是由于民族文化的差别。不同于其他民族，矛盾不在于财产，离了以后必须两个家族解决这些问题，并非两个人一分开老死不相往来那么简单，还包括孩子的抚养权等问题。

关于移民区大量搬迁后的离婚现象，河源新村的一位老人解释如下。

访谈 5-47　212 移民社区移民　男　50 岁

以前大家生活在牧区，这种生活是相对封闭的，大家每天忙各种事情。比如，每天早起先挤牛奶，然后去处理那些牛粪之类的，之后做饭，照看牛羊，晚上也要干活，总之一天到晚都很忙。在这种情况下，封闭生活是一个家庭的常态，每家一个妈妈跟一个爸爸，没有太多的人、太多的事去干扰他们，因此离婚率就特别低。但是到了城镇生活后，他们一下子从牧区的生活中彻底解放了出来，没有特别要忙的事情，现在国家有各种补助政策，还有了低保，他们就不想去打工，一天到晚就呆在家里，特别闲。现在每人都有手机也有信号，他们就开始聊天，和这个聊和那个聊，聊完了以后就闹矛盾，闹矛盾以后就很容易分开了。

老人认为移民离婚的主要原因在于城镇化。王进鑫（2012）发现，移民的离婚率要远远高于全国的平均离婚率，特别是移民进入城镇后，由于婚姻观念的变迁，移民对婚姻及伴侣的期许在一定程度上影响了婚姻质量。互联网通信发达的今天，在一定程度上扩大了移民的社交网络，无形之中增加了婚外情的风险。

四、人际适应情况分析

人际适应主要是指人与人之间的社会交往及其关系的适应。从广义上讲人际适应包含了人际认知、人际情感、人际行为等一系列内容。就具体内容而言，人际适应不仅包括个体与个体之间的适应，也包括个体与群体之间的适应。个体与个体之间的适应反映出个体与他人交往的一致性与和谐性，个体与群体的交往则反映出个体与群体的相互认同与接纳程度。

从人的整个生命周期来看，人际关系自始至终表现为对他人的依赖关系。金升菊通过对喀斯特地区生态移民的研究发现，少数民族家庭在搬迁前，生活中主要依赖的关系是宗族关系与邻里关系，但生态搬迁打散了原有的宗族与邻里关系，导致劳动力结构发生了变化，形成了以家庭为主的生活圈①。同时，这种打散也带来了人们对社会生活的不安定感和危机感，在一定程度上形成了自我迷失②。从传统村落到现代移民社区，移民生活的整体空间和结构都发生了变化：在差序格局中，人的社会关系是由一个人又一个人推演而生。在搬迁前，移民的人际关系主要以血缘关系为主。由于三江源区地理环境的特殊性，移民除了形成以血缘关系为主的家族式交往外，还逐渐建立了具有明显地缘性的村落间的非血缘关系的人际交往；伴随着生态搬迁，大家从不同的村落聚集到一起，原先的人际交往关系荡然无存，随之带来的是陌生的生存环境、陌生的交往对象。此时移民与移民之间、移民与当地人之间能否

---

① 金升菊．喀斯特地区生态移民社会适应性研究［J］．华章，2014，3.

② 迈克尔·M·塞尼．移民．重建．发展：世界银行移民政策与经验研究（二）［M］．水库移民经济研究中心，编译．南京：河海大学出版社，1998.

建立良好的社会关系，在一定程度上决定了移民安居的稳定性。

（一）人际适应的调试过程

移民在搬迁前，由于居住偏远、社会交往范围较窄，亲友之间的联系主要通过日常的庆典、节日、婚丧嫁娶等来体现，交往范围也局限于家族之间。搬迁后，移民原有的社会交际网络瓦解，在搬迁初期，由于对当地人与周边环境缺乏了解，存在一定的戒备心理，不愿意与当地人交往，在日常行为上与当地人也保持明显的距离，同时当地人对移民的到来也保持警戒，在最初的互相接触中表现出小心、谨慎的态度。随着时间的推移，移民与移民之间、移民与当地人之间逐渐产生了一些社会交往，由陌生到开始了解，但此时由于资源的分配问题，产生一系列的冲突与对抗，表现为相互看不起、不愿意，给对方贴“标签”，甚至拒绝来往。随着矛盾的解决，双方了解的增进，彼此的熟悉程度更高，双方逐渐建立起正常的人际交往关系并产生了“通婚”行为。

（二）人际适应性情况分析

1. 人际交往

移民的交往对象是其社会交往的重要内容。调研数据显示，搬迁后，移民的交往对象42.9%主要是家人，35.8%是亲戚朋友，这说明移民在社区并未建立起良好的社会关系，血缘关系、姻缘关系依然是移民交往的主要纽带，具有现代性的业缘关系并未形成。搬迁后移民的主要交往对象分布情况见表5-12。

表5-12 搬迁后移民的主要交往对象分布表

交往对象	人数（人）	百分比（%）
家人	357	42.9
亲戚朋友	298	35.8
原来村子里的人	75	9.0
现在村子里的人	92	11.1
其他村子的人	10	1.2

数据来源：调研数据整理。

2. 非移民朋友的数量

非移民朋友的数量体现了移民与迁入地的社会融合情况。从调研中可以看到，大多数移民在搬迁后建立了广泛的朋友圈，移民认识非移民朋友的途径主要是打工认识、共同的志趣、朋友介绍，这几项分别占 31.01%、32.45%、18.75%（表 5-13）。

移民的交往活动主要是以逛街、聊天、喝酒、唱歌为主，缺乏现代性的信息交流；而且交往方式同时也发生了很大的变化，网络成为主要的信息来源，抖音成为主要的交流媒介。移民的交友圈逐渐扩大，非移民的朋友逐渐增多（表 5-14）。

表 5-13　移民与非移民的朋友认识的途径调查

认识的途径	人数（人）	百分比（%）
打工认识	258	31.01
共同的志趣	270	32.45
朋友介绍	156	18.75
其他	148	17.79

数据来源：调研数据整理。

表 5-14　移民非移民朋友的数量调查

数量	人数（人）	百分比（%）
0 人以下	21	2.5
5 人以下	253	30.4
6-10 人	194	23.4
11-15 人	220	26.4
15 人以上	144	17.3

数据来源：调研数据整理。

3. 与当地人的交往

施国庆于认为，从社会整合的角度来看，移民能否融入当地，不仅取决于移民的个人素质，也取决于当地居民对移民的态度①。大多数移民文化程度较低，进入城镇后，面对突变的外界环境显得无所适从，一方面，他们希望建立与当地人的社会交往圈；另一方面，他们在社会交往中又表现得力不从心，认为与当地人之间存在很大的隔阂。移民搬迁后与当地人交往的频度调

① 施国庆，严登才，周健．生态移民社会冲突的原因及对策［J］．宁夏社会科学，2009，6.

查结果见表 5-15。

表 5-15 移民搬迁后与当地人交往的频度调查结果

	人数（人）	百分比（%）
非常多	128	15.4
很多	215	25.8
一般	341	41.0
不多	80	9.6
没有来往	68	8.2

数据来源：调研数据整理。

从调研中得知，移民与当地人的交往并不深。他们的交往对象主要以家庭成员、亲朋好友、原来村子里的人为主。生态移民城镇化安置在本质上就是建设一个新的社区，但在社区构建过程中缺少了“以人为本”的关怀，导致了移民的社会交往有一定的局限性。

访谈 5-48 512 移民社区移民 男 55 岁

问：您和对面村子的人有来往吗？

答：本身我们两个村子来往就挺频繁的，再加上我儿媳妇是对面村子的，所以联系更加密切，我们经常去亲家家。

访谈 5-49 411 移民社区移民 男 45 岁

问：你们与当地人有来往吗？

答：有的，但不多，也有通婚现象。

访谈 5-50 211 移民社区移民 女 22 岁

问：你们和当地的居民关系怎么样？来往多吗？

答：不多，我们是大武乡的，不怎么来往。

问：你们平时交往的都是你们原来村子的人吗？

答：是的。跟邻居有点来往。

移民的社会交往不仅取决于移民自身，也取决于当地人对移民的态度。

调查中，86.2%的移民表示当地人对自己的态度很好，不存在歧视；65.8%的移民认为当地人很好相处（表5-16至表5-17）。

表5-16 搬迁后当地人对移民的态度调查

当地人对移民的态度	人数（人）	百分比（%）
对移民很热情，从不歧视移民	717	86.2
大多数不歧视，只有小部分歧视移民	99	11.9
很多人都歧视移民，经常遭受白眼	16	1.9

数据来源：调研数据整理。

表5-17 搬迁后移民对当地人的态度调查

移民对当地人的态度	人数（人）	百分比（%）
很好相处	548	65.8
比较容易相处	261	31.4
不好相处	23	2.8

数据来源：调研数据整理。

访谈5-51 321移民社区移民 男 40岁

问：您与当地的居民有来往吗？关系怎么样？

答：没有，关系也不是很好。

问：为什么？

答：很有区别，就比如我们的牧场和他们的牧场里同时有两头牛跑出去草场吃草，罚我们100元，罚他们10到20元，有时候罚都不罚。还很歧视我们。

问：是怎么歧视你们的？

答：口头歧视，比如我们的院子里来了一头他们的牛，我们要是赶出去的话，他们就骂我们没有资格，他们的牛比我们的牛更有资格在这里。

问：您是否怀念在玛多的生活？

答：怀念，当然了。很想念老房子和草场，还有亲戚。

问：你们搬到这里以后经常回去吗？想回去吗？

答：不怎么回去，我媳妇病了在家需要照顾，夏天做这些活，冬天玛多又太冷了，不适合回去。

访谈5-52 512移民社区移民 男 50岁

问：你们和当地人有来往吗？关系怎么样？

答：有一些来往，但来往不多。

问：当地人对你们有歧视吗？

答：现在没有什么歧视，刚搬过来的时候有些歧视我们，不让我们的孩子上学，毕竟在海西州我们曲麻莱的人属于“流浪汉”，我听说两州的领导为了这件事情协调了好几年了。我们想只要孩子能入学也愿意交学费，好像他们答应我们了，允许我们周一报到，而且答应格尔木与曲麻莱的学生在校补助均衡。

课题组发现，当迁入地居民能热情接纳移民的时候，移民对生活的满意度就会提高，反之会加大不适。调研中发现，86.2%的移民认为当地人对他们是很热情的，但仍有一部分移民会感到不适。究其原因，主要和一些资源的分配有关，例如教育、草场问题，产生了一定的矛盾。施国庆认为，利益相关者之间由于分配失衡引起了价值观、信仰，以及稀有的资源与权力上的斗争①。我们可以看到这种矛盾的产生是多方面因素共同作用的结果，但也暴露了移民安置管理的不足。移民与当地人之间发生矛盾的频率调查结果见表5-18。

表5-18 移民与当地人之间发生矛盾的频率调查结果

次数	人数（人）	百分比（%）
5次以上	12	1.4
发生过一两次	54	6.5
从来没有发生过	860	92.1

总体来看，移民与当地居民的关系相处得很好，关系比较融洽，但交往程度不深，血缘和地缘的传统关系依然是移民的主要交往基础。

① 施国庆，严登才，周健．生态移民社会冲突的原因及对策［J］．宁夏社会科学，2009，6.

4. 与管理干部的关系

移民与干部的关系也是影响移民人际适应的重要因素，同时社区管理干部是政府与移民之间上传下达的重要纽带，影响到移民对政策的满意度。

访谈 5-53　211 移民社区管理人员　男　35 岁

问：你们主要的工作职责是什么？

答：发放生活补助、燃料补助，维稳等，乡政府管的都要管；还有结婚、离婚、孩子落户、开具证明等，但是低保、五保、精准扶贫都是各个乡负责，其他的事找村委会。

答：平时移民群众对你们的工作支持吗？

答：这个要看什么事情，不好说，有时候支持，有时候工作也不好做。

访谈 5-54　421 移民社区移民　男　45 岁

问：你们有困难会去找管委会的干部吗？

答：不会，我们去找他们，他们也不怎么解决，我们都是自己想办法的。

访谈 5-55　212 移民社区移民　女　40 岁

问：你对社区的管理干部满意吗？

答：不满意，我们有问题去找他们，他们又把我们推给老家那边（村干部）。

访谈 5-56　114 移民社区移民　男　48 岁

问：你对社区的管理干部满意吗？

答：我们社区的干部对我们很好，我们有啥问题都向他们反映，但是他们没有办法解决。比如自来水问题，我们反映了很多次，但上面一直没给解决。不过我上次向他们说我家的房屋漏水了，他们登记并给我们维修了，但还有很多问题解决不了。

访谈 5-57　261 移民社区移民　男　55 岁

问：你们有困难会去找管委会的干部吗？

答：村里面有问题时，我们会向社区的领导提要求，但是因为我们是搬迁过来的，很多问题无法解决。他们领导层之间会相互推卸责任，有时候我们向社区领导提出困难，他们会把责任推给我们迁出地的干部，但我们去找迁出地的干部，他们又会把责任推给移民社区的干部。在国家这么好的政策下，我们这个地区最大的困难不是国家给多少补助，而是如何培养我们的干部，因为优秀干部有带头作用。可惜我们这个地区很多优秀干部因为气候环境问题、语言问题都离开了。现在我们这个地区最大的问题是缺乏优秀干部。

问：您对移民社区干部的工作满意吗?

答：一般吧，由于户口所在地的问题，他们总是相互推卸责任，很小的事情往往需要很长的时间来解决。

移民对社区管理干部满意度的均值为3.55，介于满意与基本满意之间（表5-19）。可以看出，移民对社区管理干部的工作提出了很高的要求，一方面，由于移民管理方式导致移民管理出现了管不了、管不好、相互推诿的局面；另一方面，移民管理涉及的工作千头万绪，导致存在管理缺位的情况。

表5-19 移民对社区管理干部的满意度调查

满意度	人数（人）	百分比（%）
非常满意	96	11.5
满意	338	40.6
基本满意	267	32.2
不满意	96	11.5
非常不满意	35	4.2

第二节 三江源生态移民社会适应状况整体评价

从总体的适应性来看，三江源生态移民迁移后的社会适应性表现为基本适应；从四个不同层面的适应情况来看，生产适应性不高，生活适应性较好，社会心理适应、人际适应一般。

一、生产适应性方面

调研结果表明，三江源生态移民的生产适应还处于一个艰难的转变过程中。移民非牧业技能缺失，政府组织的各种技能培训受投资标准影响，培训周期短、同质性强、缺乏针对性，移民很难在短期内真正掌握一项适应市场需求的就业技能。已开展的各项后续产业受自然环境与市场环境影响，存在投资成本高、见效慢的问题，短期内很难给移民带来稳定、持续的收入。受产业结构与个人能力影响，移民在迁入地就地转产就业困难，使得政策补贴与虫草收入成为移民维持生计的主要收入来源，在一定程度上导致移民“等、靠、要”的思想严重，自主就业、创业积极性不高。同时，由于缺乏对移民就业的专业引导，移民的职业流动与职业分化并不明显，现代新型业缘关系并未完全形成，移民的生产适应还需要一个较长的过程。

二、生活适应性方面

调研结果显示，移民的生活方式已经发生了一定的改变，并且随着搬迁时间的增加，移民的生活适应性逐渐增强，但移民生活的思想观念仍保持传统。进入城镇后，移民衣、食、住、行的开支比搬迁前有所提高，因此在收入与消费方面需要一个较长的适应过程。同时移民在教育、医疗、住房方面还存在一定程度的不适应，移民的住房问题、医疗报销问题、子女上学问题有待解决，移民的生活适应性有待进一步提高。

三、社会心理适应性方面

移民在搬迁后，由于新的社会关系还未完全建立，在心理上还处于传统与现代的模糊边界，移民对自我身份的认同感不高，社区归属感不强，对政府的需求和依赖程度很高。同时，移民在心理上还处于不稳定的状态，移民的心理适应性需要进一步提高。

四、人际适应性方面

从调研中看，移民的社会交往还是以家庭为中心，并依然保持着原有的社交网络，血缘关系、姻缘关系依然是移民交往的主要纽带。移民在社交方面有些力不从心，并且由于资源分配问题与当地人存在一定的隔阂。

第六章

三江源生态移民的典型案例分析

——玛多县生态移民个案

第一节　玛多县生态移民背景

玛多县地处青海省南部果洛藏族自治州，位于巴颜喀拉山北麓，县域南北宽 207 千米，东西长 22 千米，土地总面积 25253 平方千米；全县总人口 1.57 万，其汉藏族人口数量占总人口数量的 93%，是青海省人口最少的县①。玛多县地处黄河源头，河流众多，素有“千湖之县”之称，境内地势高峻，平均海拔在 4200 米到 4800 米，整个地形由西北向东南倾斜。玛多县属高寒草原气候，一年只有冷暖两季，无四季之分，年均气温-4. 1℃，极端气温达-48. 1℃，年均降雨量为 303. 9 毫米，全年蒸发量为 1264 毫米；气温低、日照强烈、水热同季、灾害频繁是该地显著的气候特点。玛多县还是一个纯牧业县，地域辽阔、地势复杂，交通状况比较落后。境内 27 个牧委会中，只有简易公路通行，且不能保证常年通车。由于地处偏远，牧民居住分散，全县文教、卫生、通信等各项社会事业发展滞后。玛多县矿产资源比较丰富，在 20 世纪 80 年代曾经是全国三连冠的首富县，如今是全国最贫穷的县（2011 年被确定为国家贫困县，现有贫困村 11 个，建档立卡 1721 户、5075 人）。

玛多县自 2000 年就开始实施国家生态环境建设项目，重点对扎陵湖、鄂陵湖区和沿黄河流域的退化草地实施人工种草、人工育林、围栏封育、灭治鼠害等，以恢复草地植被。经过生态治理，部分地区的草地退化有所缓解，植被覆盖率有所增加，草地生产力有所提高，水土流失有所减少，对改善黄河上游地区生态环境起到了一定的作用。但是，由于特殊的地理条件、气候因素和人为的破坏，黄河源头的生态治理速度远远赶不上生态恶化的速度。

① 数据来源：2018 年果洛州统计年鉴。

草地水土流失面积日益扩大，土壤侵蚀程度日趋严重，湖泊淤泥逐年增加，湖泊的蓄水量日益减少，导致湖泊调蓄功能降低，区域地下水位下降，地下水调蓄功能弱化。

同时，大面积的水土流失带走了大量的氮、磷、钾等土壤成分，导致草场土壤肥力下降，无法支撑应有的植被覆盖率和生产力，使畜牧业生产严重受损。此外，玛多县自然灾害频繁，当地牧民中流传着“十年一大灾，五年两头灾，隔年有小灾”这样一句话，概括了玛多县灾害的频繁程度。另外，在玛多县的相关报告中有如下记载：

“1995 年 5 月受亚洲高温气候影响，遭受数十年来少有的严重干旱，缺雨少雪百日，降水量仅为 21 毫米，全县旱地面积达 1716.5 万亩，占可利用草场面积的 63.4%。据 1995 年 8 月 22 日牧草长势卫星遥感信息图分析，除少数地区牧草产量略高外，绝大部分地区牧草干枯，致使畜牧业生产受到较大的损失。2001 年 6 月份以来，玛多县持续高温天气，出现历史上极为罕见的干旱，最高气温达 22.4℃，月降水量只有 20.8 毫米，比上年同期偏少 71%，处历年最低水平，而蒸发量达到 196.4 毫米，二者比值为 1∶9.4，达历年极值。由于降水量减少，靠降水作为补给源的 800 多个小湖泊、水溪、河流、水井因缺水而干涸，县境内最大的哈姜盐场也因湖水干枯被迫停产①。”

同时，持续恶化的生态环境和频发的自然灾害给当地牧民的生产生活造成了严重的影响。

“1999 年 2 月 16 日至 3 月 9 日遭遇百年不遇的扬沙、沙尘暴，最大风力达 11 级，死于这次沙尘暴的各类牲畜达 5.47 万头只，其中大畜 1.13 万头只，仔畜 4.34 万头，造成 65 户、325 名群众无家可归，造成的直接经济损失高达 1072.14 万元。”

“每年冬季到来时，全县牧民中有 630 多户被迫弃家出走，占牧民总户数的 40%以上，尤为严重的是扎陵湖第四牧业社的 26 万公顷草场，95%以上已严重退化、沙化，牲畜基本无草可食，牧民只好弃下自家草场，与牲畜一道

① 根据玛多县政府调研资料整理。

在周边县过起‘乞牧’生活。”

“2001年夏秋季持续120多天的干旱，致使全县1599户、7640名牧民、38万头牲畜受灾；50%的人畜饮水出现困难，到了守着源头没水喝的境地，只能租借他人草场进行放牧，维持生计；60%的牧民生活无法保障，吃、穿、住、医出现困难。”

由于生态环境的恶化，曾经是20世纪80年代初人均收入全国第一、连冠三年的首富县，如今变成了财政入不敷出的困难县。据调查，全县有70%以上的天然草地全部退化，40%以上的草地遭受鼠害①，导致草畜供需矛盾突出，陷入了“草场产草量下降→牲畜数量、质量下降→牧民收入减少→增加牲畜数量→草场生态退化加剧→牧民难以生存”的恶性循环。牧民的生产生活受到严重威胁，大批牧民不得不到外州（县）租借草场放牧或投靠亲友以帮工维持生计，沦为“生态难民”。

三江源生态保护与建设工程的实施，为玛多县牧民提供了新的发展契机。规划中，将玛多县黑河、黄河、扎陵湖乡划归入生态移民项目范围，通过生态搬迁，有效减少人类活动，减少牲畜饲养量，达到对生态系统保护和恢复的目的。

第二节　玛多县生态移民的实施过程

一、搬迁前：生态移民搬迁意愿调查

2003年，三江源生态移民工程正式启动。为了顺利进行移民搬迁，玛多县移民工作组赴花石峡镇对当地牧户开展了入户调查，同时在镇领导的配合下召开了牧民代表座谈会。根据当时的会议资料记录，参加会议的牧民代表共65人，涉及8个牧委会，其中支部书记3人、村长4人、牧民58人。通过调查显示，有搬迁意愿的牧户有40户，占调查户数的70%；不愿意搬迁的牧户有18户，占调查户数的30%。调查表明，愿意搬迁的牧户主要是无畜户或

① 根据玛多县政府调研资料整理。

少畜户，原因一方面是他们缺乏生产资料，由于草场退化、草场载畜量下降，牧民收入普遍偏低、生活困难；另一方面，花石峡自然条件差，人畜饮水困难，基础设施落后。可见恶劣的自然环境、生计困难成为移民搬迁的主要推力。不愿意搬迁的则是草场条件较好的多畜户。一方面，他们世代生活在这里，故土难离；另一方面，多畜户生活相对富裕，生活有保障。比较典型的是加果牧委会，当时牧委会有牧户 107 户，其中愿意搬迁的有 104 户，不愿意搬迁的只有 3 户。

访谈 6-1　262 移民社区移民　男　58 岁

当时我们大部分牧户知道三江源生态环境保护工程这件事，但对三江源工程不太了解，只知道是保护环境的。当时我们也知道安置地点，有同德牧场、大武镇和花石峡镇，有的虽不知道搬到哪里，但表示愿意跟着大家走。我们当时希望有草山，能放牛、放羊，沿袭原来的生活。有的人也有打工、做生意的想法。当时很多人愿意搬迁，但也心存顾虑：一方面害怕搬过去后受到当地人的歧视、受不公平待遇。因为我们是外面来的人，怕被当地人欺负，说我们是要饭的，连牛粪都不让拾；另一方面，大家也觉得搬过去生活条件会好一些，当时大家都说我们只会放牛、放羊，没有别的生产技能，希望搬迁后还能继续从事畜牧业生产。大家都担心搬出去后无事可做、没有收入、没有地方去讨生活。

访谈 6-2　212 移民社区移民（原扎陵湖乡）　女　52 岁

当时政府给我们做了工作，说我们搬过去有房子可以住，孩子们上学也会更方便，还有各种补助，我们就搬过来了。当时搬的时候，我很舍不得，我们祖祖辈辈都生活在牧场，这里有我们的草山，有我们的牛羊。但是我们已经老了，孩子们要上学、要学习文化，不能像我一样一辈子养牛放羊，我的老伴身体不好，血压高、胃也不好，一直在吃药，我们想既然这样的话不如搬过来。

访谈 6-3　321 移民社区移民（原黑河乡）　男　60 岁

当时给我们说来这里有房子和各种补贴，所以就搬过来了。我们乡 189 户都搬过来了，刚开始一家八九个人的话一年补贴可以有八九千，我们家老年人比较多，一个 69 岁，一个 67 岁，孩子比较多就搬来了。

访谈 6-4　MD 县 HH 乡工作人员

当时搬迁的时候，阻力很大，老百姓不愿意搬。你想啊，他们世世代代居住在这里，谁想离开。当时就动员大家说搬过去有房子住，还可以享受国家的政策，有补助。我们挨家挨户去做工作，也让一些群众代表、村干部去看了房子，给他们讲搬过去的种种好处。

二、迁出地与安置地的选择

（一）迁出地的基本情况

三江源生态移民工程中，对于迁出地的选择有一定的特殊性考虑，不仅要考虑生态因素，还要考虑到人口因素、地域因素。玛多县生态移民主要来自黄河乡、黑河乡、扎陵湖乡，三乡平均海拔在 4300 米以上，属纯牧业乡；同时，该区域又涉及三江源划分体系中的扎陵湖-鄂陵湖与星星海自然保护区，地理位置特殊，因此对该区域实施生态搬迁具有极强的生态意义。

黄河乡位于玛多县东南部，东临黄河，与玛沁县相接，西与黑河乡相连，北靠清水河；海拔 4286~4870 米，年平均气温-4℃，气候高寒缺氧，无绝对的无霜期，一年只有冷暖两季；黄河乡下辖 6 个牧委会，全乡 550 户、2271 人。由于持续干旱、风灾等原因，草场退化、沙化面积不断扩大，生态环境恶化严重。

黑河乡位于玛多县中南部，扎陵湖—鄂陵湖与星星海自然保护区，东与黄河乡接壤，西北与扎陵湖乡毗邻，南倚巴颜喀拉山与四川石渠县和玉树称多县；海拔 4250~5267 米，年平均气温-4℃，高寒缺氧，气候寒冷，一年只有冷暖两季；黑河乡下辖 7 个牧委会，全乡 470 户、2138 人；黑河乡地势北高南低，山间多湖泊、沼泽地；2003 年，黑河乡草场退化面积约占全乡可利用草场面积的70%，牧民生活困难。

扎陵湖乡位于玛多县西北部，北邻达日县和科区，南与黑河乡接壤，东临扎陵湖畔，西靠玛多县城；海拔4350~5267米，年平均气温-4℃，地处山原、河谷和沼泽地，以畜牧业为主；扎陵湖乡下辖6个牧委会，全乡658户、2014人；近年来，该地区生态环境恶化，水土流失严重。

生产方面，三乡家庭生产以传统的畜牧业为主，牲畜产品收入是家庭收入的主要来源，家庭收入结构单一；由于恶劣的自然环境，三乡牧草生长情况较差，冬春草场过牧、抢牧情况严重。生活方面，当地牧民群众的服饰以传统藏服为主；饮食以牛羊肉、酥油、糌粑为主；居住以传统牛毛敞篷、土木结构房屋为主；原居地交通状况很差，只有简易公路通行，且不能保证常年通车，出门以骑马、步行为主。宗教信仰方面，黄河乡、黑河乡、扎陵湖乡信奉藏传佛教，但个人信仰有所不同，有的信仰格鲁派，有的信仰宁玛派。社会组织方面，移民在原居地基本以同一家族为主体，聚集而居，家族长老和活佛成为协调管理的主要力量。

（二）安置地的基本情况

根据牧户意愿和玛多县实际情况，玛多县生态移民以易地搬迁为主。当时确定的移民安置点主要有玛多县野牛沟乡、玛多县城三岔口镇、玛多县花石峡镇①，还有青海省牧草良种繁殖场，即同德滩。表6-1为玛多县生态移民不同安置点情况。

表6-1　玛多县生态移民实际安置点情况

名称	安置类型	户数（人）	人数（人）	迁出地		迁入地		迁移距离
				海拔（千米）	地址	海拔（千米）	地址	
果洛新村	跨州安置	189	731	4300	玛多黑河乡、黄河乡	3200	海南州同德县同德滩	450千米
河源新村	跨县安置	215	650	4500	玛多县扎陵湖乡	3700	果洛州玛沁县大武镇	340千米

① 当时初步选择的安置点是玛多县野牛沟乡、玛多县三岔口镇、玛多县花石峡镇，还有青海省牧草良种繁殖场（同德滩），但实际安置点为玛多县野牛沟乡（野牛沟社区）、玛多县三岔口镇（玛查理村）、玛沁县（河源新村），还有青海省牧草良种繁殖场（果洛新村）。

续表

名称	安置类型	户数（人）	人数（人）	迁出地		迁入地		迁移距离
				海拔（千米）	地址	海拔（千米）	地址	
玛查理村	跨乡（县内）安置	144	566	4300	玛多县黄河乡、黑河乡	4280	果洛州玛多县城	41 千米
野牛沟	乡内安置	68	281	4300	玛多县黑河乡	4220	果洛州玛多县野牛沟乡	30 千米

数据来源：调研资料整理。

野牛沟社区位于玛多县南部，巴颜喀拉山北坡，距玛多县城 55 千米，距黑河乡 30 千米，平均海拔 4335 米，西临 214 国道，东与野牛沟河相距 1 千米，是西宁到玉树的必经之地，交通较为便利，地理位置比较优越。同时，该社区具有一定的人口规模，原有 268 户、1072 人，具有良好的发展基础。

三岔口移民安置点位于距县城（玛查理镇）以南 3 千米处，距离省会西宁 494 千米，毗邻 214 国道，地形相对平坦，有利于集镇建设。同时，该地有一定的人口规模，交通便利，有利于后续产业的发展。

花石峡镇安置点地处玛多县东北部，214 国道和花吉公路的交会处，是西宁通往玉树、果洛两州的必经之地，交通便利，气候条件较好；同时该地也是花石峡地区的政治、经济、文化中心，是一个集物资集散、交通运输服务、旅游服务和商贸服务于一体的高原牧区城镇，发展前景较好。

同德滩移民安置点地处海南州同德县同德牧场东部，西久公路、同（同德）泽（泽库）公路交会处。同德滩地势较平坦，平均海拔 3308 米，西距同德县城 22 千米，东距西宁 267 千米，南距果洛州大武镇 161 千米，是果洛通往西宁的必经之地，地貌单元单一，交通便利，区位条件相对较好。同时，同德县是一个以藏族为主的少数民族聚居地区，也是三江源自然保护区的县区之一。

生产方式方面，野牛沟乡、三岔口镇、花石峡镇属于牧区，仍然以畜牧业为主，但第二、第三产业已有所发展；同德滩属于半农半牧区，形成了畜牧业与林业，农业及其他第二、第三产业协调发展的局面。生活方面，野牛沟乡、三岔口镇、花石峡镇、同德滩都靠近城镇，且在公路沿线，交通方便，生活便利。宗教信仰方面，野牛沟乡、三岔口镇、花石峡镇、同德滩与原居地一样，都信仰藏传佛教，只是个人信仰教派有所不同。社会组织方面，野牛沟乡、三岔口镇、花石峡镇已形成基本的乡（镇）级、村级行政体系，居民以不同的家庭形式居住在一起，居委会、村委会、乡（镇）政府成为协调管理的主要力量；同德滩安置点隶属青海牧草良种繁殖场，是西北地区最大的优良牧草种子生产基地。

不同于其他安置点，同德滩安置点隶属海南藏族自治州，移民安置属跨州安置。该安置点同时也是搬迁难度最大、搬迁距离最远的安置社区。课题组在调研中，就当初为什么要选择同德滩作为安置点向相关工作人员进行了了解。

访谈 6-5　参与生态移民搬迁安置的工作人员

当时关于如何搬迁、怎么搬迁，各方争议很大。玛多县移民当时的情况就更复杂了，因为玛多县本来气候就比较恶劣，怎么安置，往哪安置，都是问题。当时我们就和州政府协调，一部分搬到州上，一部分搬到县里。至于为什么要搬迁到同德滩，据我所知是玛多县移民没地方去，谁都不愿意接收。移民问题很复杂，管不好也不好管，事情牵扯方方面面，谁都不愿意承担这个责任，所以从各方面来讲，谁都不愿意接收。但是同德滩就不一样了，同德滩当时有同德牧场，同德牧场属于政府管辖，一是好协调场地，二是出于对后续产业发展的考虑，因此就协调到同德滩了。但是现在同德滩的问题很多，上上下下各层面搞了很多调研。从我个人角度来看，当时的设计和现在的实际情况很不匹配。顶层设计的时候，省里的意思就是先搬下来再说，但当时很多人不同意，实际上国家是支持三江源生态保护这个项目的，可能执行人员不知道该怎么支持，导致生态移民的生存现状较为复杂。我们当时有个政策就是有关十年禁牧的，十年以后可以回去，但是现在已经十年了，可谁都不讲。有两个原因，一方面有些群众回不去，如果政府说你回去吧，那么政府就要解决怎么回去的问题，所以这个事情大家就稀里糊涂地不说了；另一方面，假如你是他们的子女，你现在正在上学，让你回去，你怎么回去？问题很多的，有些人想回却回不去，有些人你让他回去他也不回去。

三、搬迁中：玛多县生态移民搬迁过程

玛多县的生态移民共分为两类，一类为2003年实施的退牧还草的移民，另一类为2004年开始实施的生态移民。

2003年，全省退牧还草项目正式启动，玛多县为全省退牧还草项目的试点县。项目安排扎陵湖乡整体搬迁，计划实施搬迁388户、1800人。经过调研了解，其中愿意搬迁的有178户、745人，对于这部分牧民，国家每户给予安置补助费8万元、饲料粮补助8000元；不愿意搬迁的有210户、1055人（其中15户愿意搬迁至县城附近）。对于愿意搬迁到县城附近的15户，按零散搬迁户对待，国家每户给予安置补助费4万元、饲料粮补助6000元；剩余的195户整合到黄河、黑河两乡，实施整体搬迁（其中189户搬迁至同德，6户搬迁至大武），每户给予安置补助费8万元、饲料粮补助6000元。因此，玛多县生态移民工程没有安排扎陵湖乡，而是把已搬迁过去的144户、610人直接纳入生态移民的范围。

2004年，按照《三江源生态保护与建设规划》，结合玛多县实际情况及省、州的总体安排，玛多县开始实施生态移民项目。项目范围涉及三乡一镇：扎陵湖乡、黄河乡、黑河乡和花石峡镇，规划迁出牧户368户、2022人是计划搬迁的人数（表6-2）。

表6-2　玛多县易地搬迁总体规划

乡镇	搬迁户数（户）	搬迁人数（人）	涉及村数（个）
黑河乡	117	435	7
黄河乡	96	597	6
花石峡镇	58	515	3
扎陵湖乡	97	475	6

资料来源：果洛州三江源办。

从2004年开始，玛多县共易地搬迁自愿移民499户①、2022人，包括黑河乡、黄河乡和花石峡镇，涉及20个牧委会。2004年搬迁移民197户、985人，2005年搬迁移民22户、70人，2006年搬迁移民115户、421人，2007

① 分户可以多分一套房子，很多家为了多分房子就采用分户的方式。因此，户数由368户增加到499户，而人数不变。

年搬迁移民 90 户、297 人，2008 年搬迁移民 75 户、249 人。

第三节　玛多县生态移民的发展现状

一、基本情况

按照“政府引导、群众自愿”的原则，在各级政府的大力支持和关心下，县委、县政府广泛征求牧民意见，在实地查看选点的基础上，最终确定了野牛沟、玛查理镇三岔口镇、玛沁县大武镇和省牧草良种繁殖场四个移民点。

2004—2008 年，玛多县共实施生态移民 585 户、2334 人，占牧业人口的 22%，其中整体搬迁 551 户、2199 人，零散自主搬迁 34 户、135 人。整体搬迁户采取集中安置的方式，只是安置形式有所不同：果洛新村安置属于跨州安置，河源新村安置属于跨县安置，玛查理村安置属于跨乡（县内）安置，野牛沟乡安置属于乡内安置。

2005 年 9 月建成的河源新村占地面积 188.45 亩，共安置移民 150 户、631 人，其中 20 户样板房，面积为 45~102 平方米；130 户砖木结构住房，户均面积为 72.8 平方米。

2006 年 10 月建成的果洛新村占地面积 551 亩，共安置移民 189 户、731 人，其中 161 户砖木结构住房，户均面积为 75 平方米；28 户砖混结构房，户均面积为 81 平方米。

2007 年 8 月建成的玛查理村占地面积 275 亩，共安置移民 144 户、556 人，其中 144 户全部为空心砖结构房屋，房屋面积为 60 平方米。

2006 年 11 月建成的野牛沟社区占地面积 82.95 亩，共安置生态移民 68 户、281 人，安置房屋都为空心砖结构，户均面积为 60 平方米。

为了使移民社区设施更加完善，各移民社区实施了配套设施建设。其中，同德滩果洛新村投资 491 万元修建了水、电、路、学校等配套设施，已于 2006 年建成并交付使用；大武镇河源新村投资了 465 万元用于新村管理用房、道路等配套设施建设，并已于 2007 年全部建成并交付使用；野牛沟社区投资了 219 万元用于社区水、电、路、学校等配套设施建设；三岔口移民安置点投资了 258 万元用于水、电、路、学校等配套设施建设。

二、产业发展情况

自移民新村建成以来，各级政府投入大量资金帮助移民发展后续产业，投资建设了民族工艺服饰加工厂、金银绵羊育肥专业合作社、后续产业发展示范基地等；组织移民开展了汽车驾驶及维修、农用车维修、摩托车维修、烹饪、藏毯编织、建筑、温棚蔬菜种植、牛羊育肥、餐饮服务、民族服装、帐篷加工、掐丝唐卡、畜产品加工等技能培训，以提高移民劳动技能，拓宽其就业渠道。

果洛新村为161户移民每户建设了100平方米的牲畜暖棚，并与省牧草良种繁殖场签订了供草协议，进行舍饲养殖，同时预留了户均1.3亩的土地，用于发展庭院经济；为28户移民建设了商铺楼，对拥有商铺楼的移民，鼓励其进行自主经营；组织能歌善舞的30名青年移民组建了文艺演出队，并邀请专业人员进行培训；2011年成立了环卫队，县财政支付每人每月1600元的劳动报酬，解决了水、电工等10人临时工指标，解决了10名移民就业问题；同年，25户移民成立了金银绵羊育肥专业合作社，将140万元扶持资金投入到合作社，以“公司+合作社+牧户”的形式开展奶牛养殖、绵羊育肥；2012年27名移民成立了民族服装加工厂，开展民族帐篷、掐丝唐卡、民族服饰加工产业，并在玛多县开设产品销售点，同时县财政给予每人每月保底工资600元的支持；2013年4月果洛新村生态园建成并正式投入营业，带动新村移民就业29人；2015年果洛新村在玛多县残联的帮扶下投资25万元开办了炒面加工厂。

河源新村2006年4月投资86.4万元建成藏毯编织厂，配备了生产设备，组织移民进行生产加工，带动就业33人，每人月工资900~1300元；2009年投资368万元建成生态移民商铺房2144平方米，实行租赁经营，租金用来给150户分红，户均分红可达1140元；在移民社区投资650万元兴建了河源新村宾馆。

玛查理村投资760万元建设生态园，开展温棚蔬菜种植业，并与野牛沟乡共同投资80万元成立了公路养护队，购置了挖掘机、装载机、翻斗车等公路养护机械设备，开展乡村公路维护，解决了玛查理村109人、野牛沟乡68人就业问题。

此外，玛多县针对4个生态移民新村部分村民不能外出务工的情况，为38名村民安排了保安、环卫工等公益性岗位，同时将果洛新村、河源新村66名村民吸收到后续产业民族服装加工厂、藏毯厂、生态科技园等就业，并将其基本工资纳入县财政预算。在项目拉动和技能培训促进就业的同时，玛多县鼓励移民自主创业，积极引导有一技之长、有一定经济基础的移民自谋出路、自主创业。另外，积极鼓励移民根据自身条件从事劳务输出、采挖虫草、帮工帮牧等工作，增加移民收入。

通过对移民后续产业的扶持，移民的生产积极性有了一定的提高，收入有了一定的提高。但受产业结构、自然环境、教育程度、劳动技能、市场意识、社区经济发展程度、经济总量、就业渠道及生产用地等因素的制约，本地区可供选择和适宜本地实际的产业较少，存在产业规模过小、成本过高、效益低下、示范带动作用不强等问题，已开展试点的后续产业如温棚蔬菜种植、藏毯编织、民族歌舞表演效益较差，都已停止；生态园、洗车行、商铺经营效果不佳，也已转包。

访谈6-6　321移民社区管委会书记

问：现在后续产业发展得怎么样？

答：主要是我们没有场地，所以第三产业不好搞。我们有个养殖场，但是我们饲料什么的都要买（只能圈养不能放养），所以一直以来都没有什么收益。去年我们把里面的牛羊都卖完了，现在与上面沟通，打算改一下政策。我们打算改养牦牛，今年在玛多那边租了一个草场，打算散养，散养可能比原来的情况好点儿。今年我们养得比较多，有400多头，这400多头我们分成了3个组，由我们的村民进行管养，同时可以解决6个劳动力的就业。

问：服装加工厂的效益怎么样？

答：原来加工厂挺好的，但是现在积压货比较多，没有什么收益（与黄南州竞争太大了，比不过）。我们这边老百姓制作的产品比较传统，新款的、新式的衣服不会做，产量也比较低，但他们还是在做。我们在玛多那边的商店也在卖自己的产品，也从西宁、兰州那边进了一些民族饰品销售，这样就比只卖衣服什么的效益好一点儿。现在基本持平了，解决了15个人的就业。

问：生态园的效益怎么样？

答：生态园这块也租出去了，一年有6万的租金，不租出去我们自己也经营不了。

问：还有什么发展得比较好的产业吗？

答：还有一个就是在西宁的果洛大酒店，那里面有我们果洛新村的股份，今年给我们分红了4万多块钱。

访谈6-7　212社区负责人

问：现在后续产业发展得怎么样？

答：现在后续产业这块主要是商铺的租金，一年大概有30万；还有两个洗车行现在也承包出去了，一年租金大概有3万；藏毯编织厂因为当初是和藏羊集团合办的，去年4月份因为藏羊集团改制停产了；河源宾馆也一直在装修，还没有投入营业，今年新开了一家超市，应该还会有一部分收益。

三、存在的困难

（一）新增户的住房与补贴问题

生态移民工程作为三江源生态保护与建设工程的一期项目，是以2003年底的人口和户数为基准实施的。自2003年退牧还草和三江源生态移民工程实施以来，按照“政府引导、群众自愿”的原则，玛多县共实施生态移民585户、2334人，占牧户总数的26%。随着近十几年的发展，各移民村的人口不断增长，截止到2018年12月底，玛多县4个移民村共新增342户、762人。其中，河源新村165户、341人，果洛新村86户、196人，玛查理村57户、158人，野牛沟乡34户、67人。这些新增户由于受政策限制，无法被纳入项目范围，不能享受游牧民定居、城镇住房、燃料补助等相关政策，因而借用和租用房屋居住或三代同住的现象突出。

（二）产业选择问题

果洛新村、河源新村、玛查理村、野牛沟社区都是易地搬迁、无土安置的移民安置点，既无发展的场地，又远离从事第三产业的市场。移民文化程度低、没有一技之长，又普遍存有畏难情绪，不愿外出，大事不会干，小事不愿干，“等、靠、要”思想依然严重，缺乏自谋生路、勤劳致富的闯劲。近几年来所进行的种植、养殖试点项目存在着规模过小或成本过高、效益比较低下的问题。藏毯加工、服装加工、手工艺品编织受市场环境影响未见成效；洗车行、商铺、农家乐等行业由于缺乏经营管理经验，效果不佳。另外，玛多县地处黄河源头，平均海拔在4200米以上，是一个纯牧业县，气候寒冷，自然灾害频繁，主导产业畜牧业以天然放牧为主，尚未摆脱靠天养畜的局面。加之受自然环境条件、历史、人口等因素的影响，社会经济发展严重滞后，牧民移民后转产困难，后续生产发展难度大。

（三）房屋质量与维修问题

生态移民工程实施已有十余年，由于房屋建设质量不佳及缺乏维修基金，现玛多县四个移民村的房屋已不同程度地出现各种质量问题。在《关于玛多县三江源生态移民住房基本情况》中这样描述道：

“河源新村整体搬迁，现有住房已经出现年久失修、屋面漏水、门窗破损严重、部分院墙开裂等情况，急需实施维修和改造。果洛新村整体搬迁189户、731人，移民住房现也已经出现不同程度的破损。玛查理村三岔路口生态移民社区144户、271人，移民住房、院墙、大门已经出现不同程度的破损，急需改造及维修。野牛沟村68户、372人，移民群众的住房年久失修、屋面漏水、门窗破损严重、部分院墙开裂，特别是从未进行煤房、防洪设施、文化设施等基础设施的维修，18户住户无院墙；还存在硬化路面沙化、排水不畅，温棚破损严重等诸多问题，对住房和配套设施进行维修或升级改造已迫在眉睫。目前，各移民社区的新增户住房、供排水、防洪、环卫、路灯等基础设施建设依然滞后，无法满足移民群众生产生活及社会经济发展的需求。建议加大住房维修及防洪，广播电视“户户通”，新增住房和水、电、路等基础设施建设，不断改善移民群众生产条件和牧民生活水平，实现“退得下、稳得住、能致富、不反弹”的目标”。①

（四）政策补偿问题

经调研发现，果洛新村、河源新村、玛查理村、野牛沟社区中的移民绝大部分为无少畜户、贫困户和老弱病残户、困难户。河源新村无劳力、长期患病的困难户有48户、288人，享受城镇低保户有82户、148人，农村低保

① 资料来源：玛多县三江源生态移民住房基本情况，果洛州三江源办，2014。

户有 188 户、344 人，建档立卡户有 114 户、303 人，享受困难补助 333 人，享受残疾补贴 21 人；果洛新村共有城镇低保户 107 户、290 人，农村低保户 117 户、364 人，建档立卡户 117 户、463 人（其中低保兜底户 55 户、251 人，低保贫困户 53 户、185 人，一般贫困户 9 户、27 人），享受残疾补贴 32 人，享受高龄补贴 32 人，享受生活困难补助 337 人。

社区虽然推行了农村最低生活保障制度、新型农村合作医疗制度、生态移民生活困难补助制度等，但由于移民转产困难，短期内各种政策性收入成为移民的主要收入来源。随着物价的上涨，移民生活支出日益增加，加之没有稳定的后续产业支撑，导致生活较为困难。一旦停止补助，移民生活将难以为继，无法实现“退得下、稳得住、能致富、不反弹”的目标，因此补偿标准与补偿年限成为移民关注的首要问题。表 6-4 为 2018 年玛多县生态移民生活困难补助上报表。

表 6-4　2018 年玛多县生态移民生活困难补助上报表

社区名称	总户数（户）	补助人数（人）	16 周岁以下（人）	55 周岁以上（人）
河源新村	162（含 12 户自主安置）	333	269	64
果洛新村	189	337	289	48
玛查理村	144	209	166	43
野牛沟社区	68	114	93	21
合计	563	993	817	176

数据来源：果洛州三江源办公室。

（五）禁牧草场的管理问题

玛多县土地面积为 25253 平方千米，人口为 1.57 万，牧民居住分散。按照青海省、果洛州退牧还草及生态移民实施方案，要求对草场进行全面禁牧，但生态搬迁导致草场无人看管，致使禁牧草场“谁都管、谁都不管”，抢牧、过牧的现象普遍存在，形成了草场无序利用的状况；加之禁牧草场不是连片集中，而是呈镶嵌式分布，夹杂在留居牧民的草场中间，无形之中也增加了草场的管护难度。

其次，生态管护员公益性岗位的提供为移民带来了长期的稳定收入，但村（牧）委会每月、每季度要对管护员的职责履行情况进行考核，考核结果直接影响到其岗位聘用和工资发放，因此移民每月要往返草场、林地和移民社区，进行生态管护工作，特别是对跨州安置的移民来讲，每月参与生态管护工作，还产生了一笔不小的交通支出。

第四节 玛多县生态移民的综合效益分析

移民效益是衡量生态移民工程成败的主要标准，也是生态移民工程的主要出发点和落脚点。生态移民工程的实施，除对区域生态环境达到修复之外，还对区域经济、社会发展产生了一定的影响。从现有的国内研究可以发现，对生态移民效益的评价主要集中在经济效益、社会效益和生态效益三个方面。因此，对三江源生态移民工程的经济效益、社会效益、生态效益进行分析，不仅有助于三江源区生态移民策略的调整，更有助于移民工程综合效益的整体提升。

一、经济效益分析

生态移民工程包含了生态保护与扶贫的双重目的，因此实施生态移民工程后是否实现了地区经济的持续增长，实现了移民脱贫致富，是衡量生态移民工程经济效益最直接的标准。对此，我们对县域经济变化情况与移民的收入变化情况进行分析。

（一）地方生产总值

2002 年生态移民工程实施前，玛多县的地方生产总值为 5466 万元；2008 年生态移民工程结束，玛多县的地方生产总值为 9733 万元；2020 年，玛多县的地方生产总值为 31860 万元。从 2002—2020 年玛多县地方生产总值数据变化情况（表 6-5）可以看出，伴随着三江源生态建设与保护工程的实施，玛多县域的经济水平得到了极大提升，三类产业结构得到了一定的调整。

表 6-5 2002—2020 年玛多县地方生产总值对比 单位：万元

	地方生产总值	第一产业	第二产业	第三产业
2002 年	5466	2240	131	3095
2003 年	6399	3059	138	3202

续表

	地方生产总值	第一产业	第二产业	第三产业
2004 年	6857	3231	136	3490
2005 年	7513	4334	149	3030
2006 年	7682	3705	981	3176
2007 年	9226	3363	1777	4086
2008 年	9733	3537	1761	4435
2009 年	10076	3783	1913	4380
2010 年	11240	4110	2143	4996
2011 年	14212	4393	3555	6224
2012 年	15987	4739	4098	7150
2013 年	18004	5060	5012	7932
2014 年	19847	5405	5624	8818
2015 年	23189	5168	7796	10225
2016 年	29620	5514	12816	11290
2017 年	29559	5859	12031	11669
2018 年	32429	6587	13275	12567
2019 年	36305	7542	15128	13635
2020 年	31860	5978	12420	13462

数据来源：1954—2010 年果洛藏族自治州统计年鉴，1911—2015 年果洛藏族自治州统计年鉴，果洛州 2018 年、2019 年、2020 年国民经济和社会发展公报。

（二）地方预算收入与支出

从 2002—2019 年玛多县地方财政预算收入情况（国家财政补贴除外）来看，2002 年地方财政预算收入为 206 万元，2008 年地方财政预算收入为 176 万元，2019 年地方财政预算收入为 1345 万元，地方财政收入得到了极大的提高，但预算收支比从 6%降至 1.3%。可见由于三江源生态建设与保护工程的实施，玛多县地方经济总量得到了提升，但生态红利不足，生态保护与经济发展两难行，县域财政入不敷出的情况更为严重。表 6-6 为玛多县 2002 年至 2019 年财政预算收支情况对比表。

表 6-6　2002—2019 年玛多县财政预算收支情况对比表

	预算收入（万元）	预算支出（万元）	预算收入/预算支出（%）
2002 年	206	2935	6.0%
2003 年	225	2835	7.9%
2004 年	92	3896	2.4%
2005 年	76	4782	1.6%
2006 年	101	7241	1.4%
2007 年	213	9450	2.3%
2008 年	176	12896	1.4%
2009 年	244	16198	1.5%
2010 年	325	24978	1.3%
2011 年	485	49920	1%
2012 年	872	57124	1.5%
2013 年	1082	67324	1.6%
2014 年	2471	69755	3.5%
2015 年	3703	83812	4.4%
2016 年	3436	96525	3.5%
2017 年	3287	87496	3.7%
2018 年	3411	100414	3.4%
2019 年	1345	103542	1.3%

数据来源：果洛藏族自治州统计年鉴（1954—2010），果洛藏族自治州统计年鉴（1911—2015），果洛州国民经济和社会发展统计资料汇编（2018—2020）。

（三）移民个人收入情况

对果洛新村、河源新村、玛查理新村（三岔口镇的移民新村）、野牛沟社区四个移民安置点 89 户移民的抽样调查显示，搬迁前移民的收入主要集中在 1000 元以下，搬迁后主要集中在 1001～20000 元。搬迁后移民收入主要在 30001～50000 元。同时搬迁前收入在 10000 元以下的占比达 46.1%，而搬迁后这一比例则降至 9.0%，说明搬迁后移民整体收入得到了提高（表 6-7 至表 6-8）。

表 6-7　搬迁前玛多移民收入情况抽样调查

收入情况	人数（人）	百分比（%）
10000 元以下	41	46.1
10001～20000 元	15	16.9
20001～30000 元	15	16.9
30001～40000 元	5	5.6
40001～50000 元	2	2.2
50001～60000 元	2	2.2
60001～70000 元	2	2.2
70001～80000 元	2	2.2
80001～100000 元	2	2.2
其他	3	3.4
总计	89	100.0

数据来源：抽样调查数据整理。

表 6-8　搬迁后玛多移民收入情况抽样调查

收入情况	人数（人）	百分比（%）
10000 元以下	8	9.0
10001～20000 元	14	15.7
20001～30000 元	13	14.6
30001～40000 元	10	11.2
40001～50000 元	9	10.1
50001～60000 元	11	12.4
60001～70000 元	7	7.9
70001～80000 元	7	7.9
80001～100000 元	7	7.9
其他	3	3.4
总计	89	100.0

数据来源：抽样调查数据整理。

通过三江源生态建设与保护工程的实施，玛多县经济总体得到了一定的提升，但整个县依然处于入不敷出的经济状况，经济效益并不明显；同时移民的收入情况得到了一定的改善，这说明加大三江源区的资金支持，持续提高移民收入尤为必要。

二、社会效益分析

社会效益是项目实施后所产生的社会贡献情况，即项目实施带来的公共基础设施建设与公共服务的发展情况。表 6-9 为 2002—2019 年玛多县教育、文化、医疗相关情况对比。

表 6-9　2002—2019 年玛多县教育、文化、医疗相关情况对比

指标	2002 年	2019 年
幼儿园	1	4
小学	4	4
中学	2	2
小学专任教师	89	59
中学专任教师	22	45
县级医院	1	1
乡镇卫生院	4	20
卫生监督所	1	1
计划生育服务站	1	1
医院、卫生院技术人员	75	86

数据来源：2003 年青海统计年鉴，果洛州 2020 年国民经济和社会发展公报。

2002 年玛多县常住人口为 1. 2 万人，89%以牧业人口为主，建有幼儿园 1 所、小学 4 所、中学 2 所、乡镇卫生院 4 所，教育资源分布不均、资金投入不足、基础设施落后；医疗保障体系未完全覆盖，医疗服务能力弱、服务可及性差。自 2003 年以来，伴随着小城镇建设与生态移民工程的实施，玛多县进一步加强了道路、桥梁、给排水、电网、保障性住房等基础设施建设，以及农村饮水安全工程建设、棚户区危旧房改造、美丽乡村建设，基础设施与民生发展项目建设力度不断加大。教育方面，以“控辍保学”为重点，实施了“改薄查缺补漏”项目，扩建了县藏文中学、黑河寄校校舍，兴建了黄河乡寄校、野牛沟乡幼儿园、塘格玛村幼儿园，推动了县域教育均衡发展。医疗方面，全面完成 20 个村卫生室标准化建设，实现了建档立卡、家庭医生签约服务全覆盖；开展了一系列以棘球虫幼病为重点疾病的重大地方疾病防治工作，优化了卫生资源配置，提高了公共卫生服务能力。

通过生态移民工程与小城镇建设项目的实施，玛多县城乡基础设施建设深入推进，社会公共服务事业得到极大发展，社会效益十分明显。

三、生态效益分析

生态效益是生态移民工程的一个重要内容。自 2003 年以来，玛多县先后实施了退牧还草、以草定畜工程，以及三江源生态保护与建设工程。经过实施减人减畜、草畜平衡、黑土滩治理等工程，县域内水源涵养能力、中高盖度草地面积、植被盖度、湿地面积逐年增加，生态环境修复已初见成效。扎陵湖、鄂陵湖湖泊面积较 2003 年、2004 年分别增加了 74. 6 平方千米和 117. 4 平方千米，湿地面积增加了 104 平方千米；黄河源千湖奇观再现，湖泊数量由原来的 4077 个增加到 5050 个，曾经有“千湖之县”之称的玛多县又开始呈现出湖泊星罗棋布、波光粼粼的千湖美景，生态效益显著。

通过对玛多县生态移民经济效益、社会效益、生态效益的分析可知，三江源生态移民工程在缓解地区贫困，提高社会效益和生态效益方面是卓有成效的，但经济效益并不明显。

第七章

三江源生态移民城镇化与社会适应方面存在的问题及影响因素分析

第一节　存在的问题

生态移民工程的实施，使迁出地得到休养生息，部分贫困人口实现了脱贫，加快了三江源地区基础设施建设和城镇化进程，在促进民族地区经济与社会发展，实现生态保护、经济发展方面发挥了重要作用，但仍然面临一些不容忽视的问题。

一、生态移民、小城镇建设项目资金投入不足，补助标准过低

三江源生态保护与建设工程总投资 75 亿元，与占青海省总面积 21%的 36.3 万平方千米的实施面积相对应，资金量严重不足，加之项目资金来源单一，导致生态移民建设工程与小城镇建设工程投入不足，缺乏长期性，存在短期化行为。

（一）项目建设投资标准偏低

按照《青海三江源自然保护区生态保护和建设总体规划》，生态移民工程与小城镇建设的总投资分别为 6.3 亿元、3.18 亿元，仅占三江源生态保护与建设工程总投资（75 亿元）的 8.4%与 4.2%，资金投入严重不足。

在生态移民工程中，设计人均投资为 1.13 万元，也仅为项目建设费用，不包含项目规划、勘查、设计、可研、初设、监理、管理等费用，导致项目实施难度增加。房屋建设方面，由于三江源地区地处偏远、交通不便，施工条件差、施工期限短、运输线长、工程实施地分散，致使建材价格涨幅较大，建设成本过高，当初规划设计为每平方米造价 800 元，但实际造价已远远高出规划造价，每户房屋建设 4 万元的补助严重不足。工程造价偏低、资金不足给工程招标与项目建设工作也带来了一系列困难，移民区住房基本上都是采用空心砖建成的，抗震、抗压能力弱，房屋质量难以保证，导致目前生态

移民社区房屋质量出现很多问题：墙壁开裂倾斜、屋顶漏雨，存在严重的安全隐患，同时也影响了工程进度，生态移民工程比项目预期多实施了两年。另外，由于当初是按照每户 5.5 人进行规划的，设计房屋面积为每户 60 平方米，忽略了人口增加与人口适龄结婚问题，现在许多移二代已经到了结婚年龄，但住房面积小，无法满足正常的居住需求。移民社区建设已经十余年，由于缺乏维修基金，移民房屋及基础设施失修破旧。

小城镇建设方面，各城镇的基础设施投入比较低，加之地方财政困难，导致城镇基础设施建设不足，供水管网配套较差，集中供暖、电网覆盖率低，生活污水处理设施建设缓慢，城镇的集聚功能受限。

（二）生态移民补偿标准过低、补偿项目单一、补偿年限过短

牧民进入了社区后，增加了水、电、燃料、交通费等开支，与此同时饮食习惯受传统生活影响，肉食、酥油、曲拉消费比重高，且三江源地区所有生活物资供给都要依靠外部运输，受价格影响，牧民生活成本较高。没有稳定收入来源，特别是人口多的牧民家庭面临很大的生活压力。此外，每人每年 5600 元的生活困难补助主要针对的是 16 周岁以下（含 16 周岁，除超生子女）、55 周岁以上（含 55 周岁）的移民，对 16 岁到 55 岁之间的移民没有补偿，存在补偿不全面的问题。

燃料补贴方面，尽管提高了补贴标准，但从实际情况来看，三江源地区一年气候严寒，取暖时间长，牧民做饭、取暖、烧水主要依靠煤，3000 元的补助金额与移民的实际花费还有一定差距，存在补偿标准过低的问题。

对于十年禁牧的移民来讲，按照国家现行的政策，补助期限为 10 年，而三江源地处高寒地带，气候寒冷，氧气稀薄，物质循环及动植物生长缓慢。以高寒草垫植物为例，在其生长期间内的生长高度一般在 10~30 厘米，且物种群落结构简单，层次分化不明显，再加上气候寒冷，物质能量循环缓慢，群落生物产量低下，致使这里的生态环境较其他地区脆弱。这种特殊的生态系统靠短期的休养生息很难恢复，它需要一、两代人甚至几代人的努力，而这已远远超过国家的补偿期限，存在补偿时间过短的问题。

二、后续产业发展缓慢，城镇吸纳移民增收就业的能力不强

搬迁后，各级政府在移民后续产业发展方面想了很多办法，做了很多努

力。从现实来看，当前采取的发展措施除鼓励移民从事力所能及的非牧业的经济活动外，主要以开展就业前的各种技能培训为主，后续产业发展的实质性进展不大，移民增收空间十分有限。其次，已投入的很多产业都还处于探索阶段，受产业结构、自然环境、市场等因素的制约，存在投资高、成效低，脱贫致富带动效益不明显的问题。另外，产业选择困难，很难在短期内形成相对稳定、持续增收的产业。

三江源地区城镇规模普遍偏小，加之基础设施落后、产业没有形成规模，城镇承接牧民转产就业能力有限，继而导致生态移民仅仅停留在“定居”层面上，而“移民”的实质意义没有体现出来。

三、移民管理与生态移民带来的城镇社会治安问题突出

首先，生态移民项目涉及面广、内容繁杂，方方面面都与牧民的切身利益相关，而三江源办公室又属临时机构，其职责只是负责相关项目的实施与落实，没有正式的人员编制，工作人员均从各相关单位临时抽调，接受双重管理，流动频繁。三江源生态保护是一个系统工程，需要工作人员掌握较丰富的专业知识并具备一定的管理能力，因此在三江源生态保护、民生改善、经济发展的历史任务面前，三江源组织机构保障和队伍建设显得极其薄弱和滞后。同时，生态移民在移民管理上也存在着迁入地政府、迁出地政府及农牧、发改、三江源办等部门多头管理的情况，形成了表面上多头管、实际上都不管，管不了、管不好的局面，导致移民社区得不到科学的管理，缺乏对移民的城镇化生活和从事非农产业方面的组织引导。

其次，生态移民大多教育水平不高、法制观念薄弱，导致移民区社会治安问题突出。一些移民将房屋出租给外来人口，导致移民区非常住的外来人员逐年增多；同时，移民社区所辖派出所管辖面较大，负责移民区的片区人员较少，对移民区的管理较为薄弱，从而给移民区的社会治安工作带来了极大的挑战，偷、盗、抢、骗和打架斗殴等社会治安问题一度成为困扰移民社区的顽疾。

此外，2017 年国家成立三江源国家公园，下设四个管理处，新成立的国家公园管理机构与地方政府及有关部门之间的工作协调机制还不畅通。迁出地属于国家公园园区范围内的生态移民要划归国家公园管理，但生态移民工

程又属于三江源自然保护区生态保护和建设工程的子项目，移民如何管理又成为新的问题。

四、城镇发展滞后，生态移民整体城镇化水平较低

三江源地区现有的主要城镇以州、县、乡政府所在地的建制镇为主，缺乏中心城镇，没有形成有效的城镇发展体系；所有城镇职能趋同，都以行政职能为主，城镇服务功能、集聚功能、承载功能、经济功能较弱，对周边地区的辐射带动能力差，人口集聚功能发挥不足。同时现有的各城镇之间的联通协作不足，还未形成明确的产业定位，多数城镇工业几乎空白，第三产业尚不发达，加之基础设施建设落后，缺乏有效的产业支撑，导致城镇发展滞后。

三江源生态移民的城镇化是在政策推动下实现的，导致“被城镇化”的意味比较明显，而移民的思想观念与生产方式还处于半城镇化的状态，同时由于身份归属与移民管理方式上的非城镇化，生态移民的城镇化质量并不好，仍处于“居住城镇化，身份牧民化”的半城镇化状态。

五、移民社会适应状况一般，移民整体社会适应水平有待于提高

从调研情况来看，三江源生态移民的生产适应性不高，生活满意度有待于提高，人际适应与心理适应仍处于逐步适应阶段。生产方面，由于传统牧业生产方式与现代生产方式之间的矛盾，加之移民劳动技能单一，后期技能培训效果并不显著，产业扶持在短期内也未见成效，移民转产就业还比较困难；政策性收入与虫草收入成为移民家庭的主要收入来源。生活方面，从移民对衣、食、住、行、教育、医疗、通信、宗教的满意度来看，移民整体适应性较好，但在教育、医疗、住房方面还存在一定不适，移民住房问题、医疗报销问题、子女上学问题有待解决。人际方面，移民与当地人的交往并不深，交往对象主要以家庭成员、亲朋好友、原来村子里的人为主，城镇化的特征不足；由于社会资源分配不均，移民与当地居民产生了一些冲突；血缘关系、姻缘关系依然是移民关系的主要纽带，具有现代性的业缘关系并未形成。同时搬迁给移民带来了急速的心理动荡，移民在一定程度上还存在“自我隔阂”，身份认同度不高。一部分移民可以积极主动地融入城镇生活，自主增收、创业意愿强；还有一部分移民“等、靠、要”思想依然严重。生态移

民的整体社会适应性有待提高。

第二节　影响因素

生态移民工程的实施对于实现三江源地区的生态保护，促进该地区的城镇化具有积极的意义；但从现实情况来看，生态移民的城镇化水平并不高、质量并不好，同时移民在社会适应方面还存在一定的问题，究其原因主要有以下几个方面。

一、政策制度方面

在政府主导的移民工程中，移民政策对工程的顺利实施起到关键性的作用，但生态移民涉及的问题较多，各地差异较大，目前国内尚未形成统一的移民政策。从调研情况看，对生态移民影响较大的主要有补偿政策、户籍政策及制度设计。

（一）补偿政策

从调研情况看，移民对补偿政策的不满意主要体现在：补偿标准过低、补偿年限太少、补偿机制不完善。

草原生态奖补政策、移民生活困难补助政策、燃料补助政策、生态管护员政策的实施在一定程度上改善了移民的家庭收入与生活条件。但现行补偿政策没有充分考虑移民原有的生活和未来的发展，缺少对生态搬迁给移民带来的收益减少的部分的补偿；同时与三江源地区实际一年的燃料支出相比，燃料补助标准也显得过低；对现行生活困难对象的补助有限，对生活困难的移民社区家庭来讲，补助显得不够全面。

三江源地区作为“中华水塔”，持续向东部沿海地区输送丰富的水资源，承担着生态破坏的成本，但由于生态资源没有明确的产权界定，模糊了受益群体与受损群体之间的边界。从移民后的成效来看，三江源的生态效益比较明显，但从整个三江源地区的经济效益、社会效益看，这些效益在很大程度上是由生态移民的利益损失转化而来的，而这些利益损失的补偿依靠现行的政策补偿标准是不够的。

（二）户籍制度

户籍在中国不仅仅是一种地域身份划分体现，更为重要的是户籍本身绑定了一系列公共资源的分配，无形之中把教育、医疗、居住、就业等社会福利划定在不同的区域，成为移民城镇化过程中的天然屏障。对于生态移民来讲，户籍涉及各种惠农、补助资金的发放。由于生态移民补助的发放对象以搬迁时的人口数为准，新生移民无法享受牧民的各种补偿。此外，在我国，随着新生儿出生，其户籍就被打上了“世袭”的烙印，孩子的户口继承了父母的户口属性，导致移民二代在城镇生活中遇到天然性的排斥，新生移民生活在城镇却没有城里人的身份，形成了“生活接纳、社会排斥、政策限制”的局面，产生了诸多新增户问题。同样，在居住地与教育权利挂钩的情况下，移民子女入学也成为问题；同时，有些移民担心落户城镇后，草山承包经营权会因户口属性发生变化而使自己无法返回承包的草山上进行虫草采集，直接影响全年收入，所以不愿落户城镇。因此户籍成为移民城镇化与社会适应中的主要障碍。

（三）制度设计

项目实施之初，《青海三江源自然保护区生态保护和建设总体规划》提出的建设内容只是框架性的、原则性的，导致工程在实施过程中的情况比较复杂，产生了一系列问题。究其原因主要有：一是基础数据摸底不清，生态移民计划安置 10140 户、55773 人，实际安置 10733 户、53921 人[①]，计划安置地 23 个，实际安置地扩增到 40 个，导致后期项目资金不足，项目工期延后。二是规划投资标准与实际执行标准有差距，规划设计住房面积为 45 平方米，在实际建造中扩大到 60 平方米，建设工程造价是以青海省 2003 年的价格为基准的，实际造价已远远超过预算；由于投资标准低，房屋质量也存在一定的问题。三是缺乏产业发展规划与政策引导。生态移民工程属于三江源生态

① 究其原因：一是在税费改革前，税费的收缴以人口为基数，牧民群众担心税收太高，担心“三提五统”等费用过重，有意瞒报了部分人口；二是计划生育的硬任务，致使一部分牧民群众隐瞒了部分人口；三是部分牧民群众为躲避招生工作“应招尽招”和教育附加按上年人口基数征收的规定，隐瞒了部分人口。随着国家税费改革的实施，取消牧业税、农村特产税、计划生育，以奖代补及教育“两免一补”等一系列惠民政策的执行，牧民群众打消原有顾虑，看到了实施退牧还草工程带来的实惠，隐性人口变成了现实人口，这给移民后续产业发展与社区管理带来了极大的压力。

保护与建设一期工程的内容，由于在一期规划中缺乏对生态移民后续产业规划及产业政策方面的宏观引导，而在二期规划设计中并没有安排产业发展的相关内容，导致后续产业发展滞后。四是政策内容存在一定的缺陷。首先，现行政策中对有草原使用证和无草原使用证的搬迁户的建设资金和饲草料补助执行标准不一致，但有证户和无证户在对生态保护上的贡献是相同的。草原使用证在1994年实行草场承包时办理过一次，此后并未对新增户补办过。这并不是牧民自身的原因，因为无论是有证户还是无证户，都为生态保护作出了自己的贡献，应在补助资金上予以同等对待。其次，保护区内的部分乡镇在规划中并未安排工程项目，没有享受到相关政策和国家专项投资，从而与其他各乡镇拉开了明显的距离，影响了区域经济的和谐发展①。

二、产业发展方面

产业是城镇发展的内生动力，也是实现移民转产就业的关键。目前三江源地区产业结构单一，以畜牧业为主的第一产业仍处于靠天养畜的被动局面；第二产业受环境、资金、人才技术影响，先天发展不足；第三产业还处于低层次的起步阶段；受地区经济发展水平及环境制约影响，产业发展困难，短期内未能对城镇经济发展形成有力支撑，导致城镇发展后劲不足，对劳动力的吸纳有限。

同时，生态保护与经济发展“两难行”，三江源地区产业发展难、选择难。三江源地区拥有丰富的矿产资源、动植物资源、自然能源，但受生态保护政策影响，很多资源无法得到有效的开发，在一定程度上制约了产业的发展。产业发展难、选择难，成为制约移民与城镇发展的主要难题。

三、资金投入方面

三江源生态保护与建设工程资金主要来源于中央财政，项目投入主要用于生态治理工程建设，对地区经济发展考虑不多，在完善城镇建设、扩充城镇容量，增强城镇吸纳能力和发展后续产业，改善公共服务设施方面投入不足。无论是项目建设（搬迁房屋）投资标准，还是项目区群众（困难补助、

① 《青海三江源自然保护区生态保护和建设总体规划》属于国务院批准的生态保护与建设项目，省、州政府无权对项目进行调整。

燃料补助）的有关补偿标准，都存在数额过低的现象，统筹生态建设与社会经济发展衔接不足。

生态移民项目投资规定每户4.85万元，40%用于安置区的水、电、路等基础设施建设，60%的资金用于住房建设补助，而且不包含项目规划、勘查、设计、可研、初设、监理、管理等费用，导致项目实施难度增加。随着生态移民工程与小城镇建设项目的实施，项目建设资金短缺的问题逐渐暴露出来；工程预算不足、资金不到位，在一定程度上影响了城镇建设水平与建设工期，给工程质量带来了隐患。

培训方面，受资金量不足的限制，人均800元标准的培训经费使得在培训科目的选择上存在一定的局限性，无法实施长期、更为有效的实用技能培训，如深受就业市场青睐的挖掘机操作员、装载机操作员、农机修理工、汽车驾驶员等科目，通过短短7~20天的集中培训，移民很难真正掌握实用技能。

产业方面，从2003年到2008年的工程建设期间，由于建设需要，在各项目实施地征用了耕地和草场。由于当时土地价格高位运行，而国家给予的征地补助费用有限，除完成房屋建设用地之外，没有建设产业发展用地。另外，国家除了在生态移民建设上户均安排了5000元的生态移民后续产业发展扶持资金外，基本上没有安排其他的后续产业扶持项目资金。虽然后来为支持和鼓励生态移民发展后续产业，省政府又安排资金设立了三江源自然保护区生态移民创业扶持资金（贴息贷款），但由于该项资金贷款要求较多，争取极为困难，群众积极性不高。

小城镇建设方面，由于项目资金投入不足，不能同步完成基础设施建设，导致城镇道路建设、供水管网配套较差，集中供暖、电网覆盖率低，生活污水处理设施建设缓慢。

四、城镇发展方面

三江源地区地广人稀、气候高寒，大部分城镇位于海拔3600米以上，属于不适宜人类居住的地区；另有不少城镇位于海拔4000米以上，属于发展困难地区。城镇规模偏小、布点分散、职能单一，城镇集聚、带动力量不足，导致城市的辐射能力受限，对人口的吸纳能力不足。三江源地区城镇之间的关联度较低，城镇间的市场交换难度大、成本高，在一定程度上也影响了生产要素在城镇间的流动，很难形成规模经济。三江源地区城镇的基础设施建设薄弱，历史欠账很多，水、电、暖、污水处理条件较差。随着生态移民工程的实施，城镇人口的急剧增加，原本低水平的城镇基础设施更加不能满足发展需要，道路狭窄、排水能力弱，教育、卫生设施紧缺，文化、信息产业滞后，严重制约着当地社会经济的发展，影响城镇功能的发挥。

五、外部环境方面

三江源地区气候高寒缺氧，地区自我发展能力差，同时严酷的自然环境限制了地区城镇、产业与牧民个人的发展。三江源地区以生态保护为首要任务，在重点保护区和一般保护区内，严格限制了一切资源开发与生产经营相关活动，这无形之中制约了三江源地区经济社会的发展。

六、移民自身方面

三江源生态移民来自牧区，由于教育条件落后，文化素质普遍偏低，文化程度多数在小学及以下。调研中发现，43.8%的移民没有受过教育，8.9%上过扫盲班，文盲、半文盲占有很大的比例；移民以藏语为主要交流语言，普通话表达沟通能力差，语言障碍非常明显，无形之间加大了就业的难度；三江源地区地处青藏高原腹地，受长期的生产生活习惯影响，牧民乐天知命的意识普遍存在，排外思想仍较明显，回避甚至害怕竞争，“等、要、靠”的思想依然严重。这些因素在一定程度上导致移民自我发展受限，阻碍移民的可持续发展。

第八章

对策与建议

第一节　加快城镇体系建设，推动城镇科学发展

城镇体系是城镇发展的空间载体与功能支撑框架。科学合理的城镇体系对于推动城镇化的健康发展，提高城镇化质量具有积极的作用。但从现实情况来看，三江源地区城镇规模普遍偏小，城镇空间结构较为松散，缺乏中间层次，没有形成有效的城镇发展体系，这是制约三江源地区城镇发展的主要因素。

《青海省城镇体系规划（2015—2030 年）》明确指出，青海省要形式以 1 个大城市（西宁）、4 个区域性中心城市、8 个左右的新兴城市和 80 个重点城镇为主体的新型城镇化的基本格局，这对三江源地区的城镇体系发展提出了新的建设要求和发展目标。建立健全城镇体系，合理安排城镇空间布局，确定各级城镇在区域中的发展区位，促进城镇间的相互联系和相互协作，是三江源地区城镇化的必然要求，也是提高三江源地区城镇化质量，提升城镇化效益的基本前提。

首先，本书建议，按照《青海省城镇体系规划（2015—2030 年）》统筹安排、合理布局、完善功能、坚持以大带小的原则，以现有城镇布局和生产力布局为基础，依托现有交通节点和已建制的城镇，加强基础设施建设，引导沿线及产业基础较好的县城建设，扩大城镇规模，提高其综合承载和服务能力；以这些城镇为核心，带动其他县城及小城镇发展，使之成为辐射乡村腹地社会经济发展的支撑点，实现牧民就近向城镇转产就业。其次，创新城镇发展模式，加大州、县等发展潜力强、吸纳人口能力强的中心城镇的建设，以中心城镇为龙头带动周边城镇的发展，实现差异化发展，突出地域特色、民族特色、文化特色和经济特色；交通沿线的小城镇可以发展物流产业，发

展仓储装卸、机器维修及餐饮住宿等服务产业；旅游区内的小城镇依托旅游资源，积极发展旅游商贸、住宿、餐饮服务产业；依托农牧业的小城镇建立牲畜产品流通市场，积极发展牲畜产品流通、深加工业务。最后，本书建议要统筹城镇空间布局，构筑与全省“四区两带一线”① 建设相协调的城镇空间格局，逐步规划和引导城镇集中集群发展，寻求撤县建市、城县融合等多种集群发展模式，形成区域性中心城市—县级城镇—重点城镇—小城镇层次分明、结构合理、互动并进的城镇化发展格局。

第二节　加强公共基础服务设施建设、不断完善城镇功能

从发达国家的城镇化发展经验来看，要始终把公共基础服务设施建设作为重中之重。良好的公共基础服务设施和服务设施条件是城镇进行招商引资、实现可持续发展的必要条件。基础设施不完善，不仅不能满足人们的生产生活需要，而且在一定程度上会影响人口、产业向城镇的集聚。因此加强公共基础服务设施建设，是增强和完善城镇功能，不断提高城镇承载能力，提高三江源地区城镇化水平的有效途径。

本书建议，以现有小城镇为依托，不断完善城区道路、给排水、供电、通讯、医疗卫生、治安、教育等公共基础服务设施，改善人居环境；坚持以人为本，在规划、建设、管理、服务方面，体现人文关怀，切实关注民生，提高居民生活水平；道路方面，加强城镇桥梁、道路、交通枢纽建设，拓宽城镇道路，发展公共交通，完善公共交通体系；根据各城镇需求情况，加大对水源和管网的建设和改造力度，完善污水排水系统；加强电网建设，完善电网结构，逐步解决城镇供电问题；积极推进城镇集中供暖，建设一批集中供热热源，完善供热管网；加快城镇天然气管网和设施建设，完善输气系统，增强供气保障能力；加快城镇环卫设施建设，提高生活垃圾、污水、废弃物的收集和处理能力，努力营造生态美好、市容整洁的城镇面貌，吸引人口到城镇集聚，发挥城镇的人口集聚功能。在城镇规划方面，要有前瞻性，合理

① “四区两带一线”：“四区”为东部地区，柴达木地区，环青海湖地区和三江源地区；“两带”为兰青、青藏铁路沿线城镇发展带和黄河干流沿岸城镇带。

布局，对于交通、通讯、供水等公共基础服务设施建设，要坚持长期性原则，避免重复性建设，将日后的重建、扩建也纳入城镇发展规划。同时，针对各城镇、县农牧业基础设施建设薄弱的特点，积极整合农牧、水利、林业、交通、教育、卫生、文化、扶贫、电力等部门资金，以集中连片、统一建设的模式，抓好水、电、路、文教、卫生、生产等基础设施建设，先期重点搞好生态移民、游牧民定居区基础建设，提高城镇化水平，完善城镇功能，增强城镇的辐射带动能力。

对于移民安置区的群众，要将现有移民社区全部纳入迁入地工程项目建设规划，高标准实施住房维修加固和节能保暖改造工程，全力推进生态移民社区美化、亮化、绿化工程。同时，通过整合国家和省级财政、扶贫开发、新农村建设等一系列项目资金，高标准建设完善移民社区水电路、数字电视、宽带网络等“户户通”配套设施；积极争取国家农村环境连片整治项目，全面加强社区环卫工作，改善人居环境。同时，适当调整移民区的土地管理制度，制定更加优惠的土地租赁、转让、入股、拍卖等政策，改善投资环境，吸引资金、人才、技术向城镇聚集；完善生态移民社区党员活动室、科技示范园、幼儿园、老年活动室等设施建设，满足移民基本需求，提高移民搬迁安居幸福指数。

此外，在三江源地区的城镇基础设施建设中，一定要处理好生态保护与城镇发展之间的关系，在不断强化城镇基础设施建设的同时，把小城镇建设与区域产业规划结合起来，完善流通、信息、公共服务体系，着力进行物流园、商贸园、集贸市场建设，为产业发展提供承载空间，实现产销对接；使生态产业逐步形成规模，城镇内生性发展动力逐步形成。

第三节 大力发展生态产业，增强城镇发展活力

城镇化不仅仅表现为城镇空间的扩张，更重要的还表现为各种生产要素向城镇周围的集聚，而这些必须依赖产业的发展和带动。产业是城镇化的灵魂，只有积极培育和发展产业，才能从根本上增强城镇的人口承载能力，激发城镇发展的内生动力和活力。

三江源地区的特殊性，决定了该地区的产业发展必须要满足生态文明建设的总体要求。本书建议，立足三江源地区资源禀赋和比较优势，结合该地区的自然、人文、社会经济条件，明确主导产业和优势产业，借助国家和政府之力，利用国家政策倾斜、资金项目扶持，合理规划产业布局，以生态畜牧业为中心，结合资源优势发展旅游业、汉藏药材种植业、商贸流通业，并建设绿色能源基地。同时通过加大对移民的培训力度，提高移民的生产技能，使移民成为三江源地区产业发展的重要参与者，实现移民就地转产就业，为城镇发展注入新的活力。

一、加强移民培训力度，提高移民生产技能

从外部环境来看，在一定时期内，三江源地区的劳动力供给有限，牧区的经济发展靠牧民，牧民的素质决定牧区发展的速度，决定牧区的文明程度，决定牧区现代化的进程。只有牧民的素质提高了，接纳新事物、新科技的积极性才能提高，增收致富的渠道才能拓宽。

本书建议，建立健全多层次的培训体系，完善培训的资金投入机制，增强培训的针对性。进一步加大培训资金投入力度，完善培训内容，延长培训时间，提高培训质量和规模；对三江源办、科技、农牧、劳动保障等部门的培训项目资金进行整合，统筹规划，整合利用，使其发挥整体效益。

在培训内容方面，结合本地区产业规划特点，积极调整培训思路，将培训工作与后续产业发展相结合，个别与整体相结合，生产与生活相结合，实用与长效相结合，坚持因地制宜、以人为本、分批分层的原则，按照“市场需求什么、培训什么”“牧民需要什么、培训什么”的要求进行培训，使培训能够适合市场需求和牧民的自我发展需求；加大生产实用技能培训，在汉藏药材种植、畜牧养殖、畜产品流通和加工、民族手工艺制作、生态旅游等方面做出积极尝试，提高农牧民产业发展技能。

在培训方式方面，建立长效的培训机制，克服培训的短期性，制订切合实际和可操作性强的长期规划和中短期规划，有计划、有步骤、有落实地分期分批地完成培训目标。建设州、县、乡三级培训基地，完善培训设施；结合牧民的实际需求和就业愿望，采取普通型培训和专业型培训相结合、集中培训与分散培训相结合的形式，开展全方位、多形式、实用性强的就业转移

技能培训。

同时建立健全各种服务体系，努力形成功能齐全、方式灵活、流程规范的就业服务体系，为移民从事二、三产业提供信息发布、技术支持服务，提高生产的组织化程度；成立三江源地区的职业教育学院，为三江源地区培养各类生态保护的专业人才。

二、加大产业资金政策支持，扶持后续产业发展

三江源地区产业结构单一，资源开发受到严格限制，而地方财政收入又十分困难，产业选择难、资金短缺、融资渠道难，使得原本十分薄弱的地区产业发展举步维艰。本书建议，加大三江源地区资金政策支持力度，创造产业发展的软环境，扶持后续产业发展。

充分利用北京、上海、天津、山东、江苏、浙江 6 省市对口支援，以及 32 个中央国家机关和 18 个中央企业对口帮扶的机会，制定一系列的财政、税收、土地、信贷优惠政策，支持和吸引发达省区市的企业和资金来三江源地区发展生态畜牧业、生态旅游业、民族手工业、新能源产业等产业，建成一批规模大、经营优、效益高的特色产业园区，为后续产业发展提供平台。

进一步加大中央财政转移支付的力度，突出对重点生态保护区的转移支付，设立对重点生态保护区的专项支持资金，特别是对限制发展地区的补偿，通过转移支付为后续产业的发展提供资金支持。在财政转移支付的基础上，完善政府、企业、社会多元化环保融资机制，制定长期的后续产业发展融资投资机制，进行贴息贷款，拓宽资金投入渠道，解决资金短缺问题。针对产业发展基金补助标准低、申请困难的问题，本书建议，进一步提高农牧民产业发展基金补助标准，缩减三江源自然保护区生态移民创业扶持资金（贴息贷款）的贷款手续，降低贷款要求，为移民创业提供资金支持。针对产业发展滞后问题，本书建议，积极争取国家和省级支持，将产业发展问题在三江源生态保护与建设三期规划中予以增列，并增加项目建设投资，在政策上予以倾斜，取消项目地方配套资金和群众自筹资金。同时，积极塑造招商引资的软环境，吸引省内外畜产品加工龙头企业到三江源地区合作建厂，促进畜产品的就地加工、转化增值；利用精准扶贫、乡村振兴的契机，争取帮扶单位的资金支持、项目支持，促进地区特色、主导产业发展取得实质性进展。

三、大力发展绿色生态产业，实现产城一体化发展

三江源地区自然资源丰富，但整体开发水平和利用程度并不高，因此要将资源的有序利用与产业发展、城镇建设结合起来，以“生态优先、绿色发展”为理念，因地制宜，找准符合三江源区特色的绿色生态产业，促进三江源地区剩余劳动力的转产就业，实现产城一体化发展。

（一）扶持发展生态畜牧业

畜牧业一直以来都是三江源地区的传统产业和支柱产业，是广大农牧民赖以生存和发展的物质基础，也是保证三江源区经济发展、社会稳定的重要支撑点，只有彻底转变传统的畜牧业发展方式才是破解草畜平衡和牧民增收的关键。三江源地区拥有世界上独一无二的天然大牧场，这里饲养的牦牛、羊肉质营养丰富，特别是经过这几年的广告宣传，越来越被广大消费者认知，这为三江源地区生态畜牧业的发展提供了良好的契机。同时在一期项目建设中，已实施的牲畜暖棚建设、人工饲草基地建设为生态畜牧业的发展提供了良好的基础。二期项目中草原“四配套”建设的进行，牲畜棚圈、贮草棚、青贮窖、人工草地、围栏的大力推进，为生态畜牧业的大力推广提供了可行性。

严格执行以草定畜政策，科学合理地利用草场资源，大力发展生态畜牧业，保持草畜平衡，走科学发展之路。一是加强对农牧民的教育引导，增强农牧民对发展生态畜牧业的信心。二是把生态畜牧业与牧民增产致富结合起来，以生态畜牧业合作社为依托，通过龙头企业与合作社合作经营，大力推广“公司+牧户+基地”的联户联牧经营模式，促进牲畜产品的转化增值，逐步实现草场向联户集中、牲畜向联牧集中、人口向城镇转移，推动草场、土地、牲畜的有序流转，提高畜牧业生产效率和抵御市场风险的能力，走出一条产业化、规模化、集约化的发展路子。三是加强畜牧业科技服务体系建设，把农牧民科技培训与生态畜牧业需求结合起来，加大培训力度、扩展培训内容、延长培训时间，提高农牧民养殖技术。四是加快培育和引进适合当地自然环境和市场需求的优良畜种，加大畜种选优和复壮培育力度，优化畜种畜群结构，提高繁育母畜和后备母畜比例。五是建立良好的招商引资环境，吸引省内外畜产品加工龙头企业，到三江源地区合作建厂，促进畜产品的就地

加工、转化增值。六是着力打造高原绿色品牌，加大网络营销，依托电商平台及经济合作产销会、推介会，拓宽市场销售渠道。

（二）大力开发旅游业

三江源地区秀美的山湖风光为发展旅游业提供了条件。本书建议，深入挖掘三江源地区独特的生态旅游资源，着力打造高原精品旅游线路，逐步形成特色鲜明的旅游小镇与旅游经济带，并以此带动周边地区经济的发展。根据三江源地区现有旅游资源的开发情况，本书建议，在现有城镇基础设施建设的基础上，进一步加大相关景区、景点的旅游通道建设和配套设施建设；在开发旅游资源的同时将旅游资源开发与生态环境保护、文化遗产保护、民族产业发展相结合，处理好保护与开发的关系，坚持在“开发中保护，在保护中开发”；加强旅游管理，增加垃圾处理设施和人力，强化生态保护宣传力度，促使游客自觉保护环境，让景点魅力常在；充分利用三江源地区源远流长的宗教文化、热贡文化、格萨尔文化、民族传统饮食文化以及民族工艺、藏传佛教雕刻绘画，开发唐卡、堆绣、玛尼石刻、皮革制品、手工编织品等特色旅游商品，使其成为旅游产业升级的重要突破口，实现旅游区生态效益、社会效益和经济效益的共赢。

（三）促进贸易流通业

商贸流通是整个经济发展的润滑剂，本书建议，结合三江源地区小城镇建设，加快作为商贸中心的小城镇建设，为农畜产品、民族手工艺品、汉藏药材流通创造条件，依托现有公路沿线、旅游线路、旅游景点，建立州、县、乡间的商贸流通体系。在县城和交通条件好的城镇，建立农畜产品批发与商业零售网点，做好储藏、运输、销售工作，实现城镇与牧区的联动，产前、产中、产后服务一条龙。

（四）培植开发汉藏药材业

三江源特有的生态环境，孕育了冬虫夏草、红景天、雪莲、大黄、藏茵陈等650多种天然药物资源，其中有198种是国家和青海省确定的重点品种，并有100多种药材已列入《中华人民共和国药典》；绿色、无污染是三江源地区汉藏药材的主要特点。本书建议，结合三江源地区黑土滩治理方式，通过“公司+农户”的经营模式，推广种植栽培技术成熟、市场需求大的药材；同时，扶持和继承传统制药工艺，强化产品研发，推进汉藏药材深加工，加快汉藏药材标准化建设和质量认证，建设汉藏药材繁育体系，规模化原料生产基地和种质资源库。对野生动物药材要有序合法利用；对矿物质药材，要在保护好生态环境的前提下，依法开发。

（五）建设清洁能源基地

三江源地区地域独特、自然资源十分丰富，海拔高、纬度适中，日照时间长，又属高原大陆性气候，天气变化无常、风能资源丰富。同时该地区河流遍布、落差较大。这些优越的自然条件为该地发展清洁能源提供了条件。本书建议，在环境扰动量小于区域环境容量的前提下，结合沙化土地治理工程，大力开展太阳能光伏产业与风力发电产业，适度加快黄河上游水电建设，适当建设一批小水电站，把三江源地区打造成绿色能源基地，形成新的地区经济增长点。

四、鼓励移民进行创业，做大做强劳务经济

三江源地区的劳动力供给处于相对充裕的阶段，但是高、精、尖人才短缺，同时移民普遍教育程度较低，非牧性技术素养明显缺失，无法形成有效的劳动力。同时，三江源地区城镇产业发展受限，对劳动力的吸纳有限。在此情况下，有效引导农牧民劳务输出，从事创业活动，是解决移民转产就业的有效手段。

本书建议，由政府牵头，借助推广会、洽谈会，为农牧民搭建创业平台。对有创业意愿的群众，可联系对口支援省份和单位，帮助他们前往对口帮扶地区、单位的创业培训机构、企业进行创业培训，提高创业技能；在提高创业发展基金（5000 元）数额的基础上，积极搭建金融服务平台，通过财政贴息、免息方式，提供创业贷款，并将创业者列为税费减免对象，减免年限由三年延长到五年，加大创业资金政策支持力度；做好创业服务工作，为创业群众提供政策、信息、技术、管理方面的支持；组织各类科技人员、企业负责人、创业导师对农牧民进行创业指导，提高农牧民创业技能与抵御风险的能力。

积极组织移民进行劳务输出，在移民区中挑选年富力强、吃苦耐劳的劳动力，成立劳务务工组织，充分利用生态、道路、市政、旅游等基础设施在

建项目，促进劳动力向第二、第三产业转移；加强与省内外劳务市场的联系和交流，通过用工信息反馈，结合市场需求对移民开展有针对性的培训，为移民转产就业开辟新的领域和更为广阔的空间。

第四节　建立健全生态移民管理组织机构，实行属地化管理

近年来，伴随着生态移民人口的不断增加，移民管理问题日益凸显，移民住房难、上学难、就医难、就业难、发展难、增收难、管理难的问题日益突出，特别是生态移民迁入地与迁出地管理归属不明、管理缺位、责任不清、体制不顺等问题，严重影响了生态移民的生产生活。因此，进一步建立健全生态移民管理组织机构，明确管理权属，实行生态移民一头落户、属地化管理，是解决生态移民长远生计和后续产业发展的基础，更是实现“搬得出、稳得住、能致富、不反弹”总目标的必然选择。

一、建立健全生态移民管理组织机构，推进移民社区常态化管理

生态移民项目实施的好坏在很大程度上取决于项目管理。本书建议，现有州县在目前三江源办的基础上，借助机构改革的契机，组建专业的生态保护和建设管理机构，改变临时、多头、低效的项目管理方式，完善监督管理服务机制，确保项目建设成果。

建立健全生态移民管理组织机构，按照移民人口数量，合理设置建制村；根据党员数量，成立基层党组织，合理确定干部人数。根据生态移民社区工作的需要，成立村民民主自治组织，优化两委班子结构，把生态移民中曾担任过村干部的优秀成员和懂管理、会经营的致富能手吸纳到村两委班子中，充分发挥村干部的作用。

实施生态移民社区治安防控网格化管理，建立生态移民基础数据库，有针对性地提供帮扶服务，强化村级组织工作，积极开展居民信息登记服务、社情民意收集、治安巡查和矛盾纠纷处理调处工作。建立健全群防群治组织，建设技防、人防、物防相结合的治安防控组织网络，增强移民社区的治安防控能力。

推进移民社区常态化管理。移民社区作为生态环境保护政策下催生的新

的社会群体，在管理方式上，按照“规模适度、便于管理、便于服务、便于自治、群众自愿”的原则，全面加强移民社区的组织建设。本书建议，增加社区警务、医疗及经办行政机构事业编制，提高移民社区管理、服务、保障能力。

二、创新移民管理机制，实现生态移民的属地化管理

从欧洲国家城镇化的经验来看，城镇化进程本身就是各种相关制度的创新过程。国家提出，把解决符合条件的农业转移人口城镇就业和落户问题作为推进城镇化的重要任务，放宽中小城市和城镇户籍限制。要借助户籍改革的契机，在广泛征求群众意见的基础上，确保移民在自愿转户、农牧民草原承包经营权、宅基地使用权、集体收益分配和享受政相关策方面的同时，以及搬迁进城后可享受与迁入地居民同等的政策待遇的条件下，推进户籍制度改革，设置政策缓冲期，逐步实现移民的属地化管理。

对于户籍老户，对2003年、2005年以来实施的整体搬迁、集中安置的生态移民，保证其在已享受政策不变的前提下，将其户籍从迁出地转入迁入地，转为城镇户口，享受城镇养老、医疗等社会保障，并进一步实行属地化管理；房屋方面，对于现在移民社区的住房，由国土、住建等部门进行确权登记，无偿办理不动产登记证。

对于户籍新户，在全面调查摸底的基础上，直接从老户中进行分离，从迁出地转入迁入地，完全实现迁入地的属地管理。鉴于这部分移民未充分享受到国家和省、州、县的政策福利，且自我发展能力差、劳动技能差，本书建议，将这部分移民全部纳入城镇低保。在房屋方面，要尽最大努力实现居者有其屋，对新增户达到2人或2人以上的，通过廉租房、公租房、棚户区改造、农村奖励性住房、易地扶贫搬迁等方式，解决其住房问题。

但实行属地化管理不可一蹴而就，必须在广泛听取群众意见的基础上，分步骤、分层次推进，特别是对不同安置方式的移民要区别对待、分类指导。可以对跨乡、跨县的生态移民先行推进；对跨州的如格尔木的昆仑民族文化村和同德滩的果洛新村，设置政策缓冲期，逐步推进。

第五节　完善社会保障制度，健全综合服务体系

由于三江源地区社会保障系统不完善，社会综合服务体系不健全，牧民生产、生活发展受限。主要体现在：①三江源地区医疗服务能力弱，区域性医疗中心、防病中心的辐射覆盖功能不足；②区域教育发展不平衡，移民子女上学困难；劳动力总量与就业结构矛盾突出；③人口老龄化、城镇化带来的社会保障问题突出，城乡社会发展不平衡，特别是生态移民的户籍与社会保障问题比较突出；④城镇就业形势严峻，社会服务体系相对滞后。因此，完善三江源地区社会保障制度，健全综合服务体系是改善民生的重要举措。

本书课题组建议，加强教育、医疗、文体、养老等社会事业的建设，逐步建立健全符合区情、覆盖城乡、比较完善的公共服务体系，提高城镇服务功能，促进基本公共服务均等化。坚持教育优先战略，优化中小学结构布局，推进中小学标准化建设，提高中小学家庭经济困难寄宿生生活补贴，建设教师周转房，加大师资培训力度，提高教师专业水平。加强公共卫生设施建设，完善州、县、乡、村四级公共卫生服务体系，改善城镇医疗条件，提高州、县综合医院和民族医院设施配置标准，增强远程医疗服务能力，实施好重大公共卫生服务项目，改善城镇基层医疗条件，确保城乡居民享有疾病控制、妇幼保健、健康教育等基本公共卫生服务。加强文体设施建设，建设乡镇综合文化站、村级文化室，改善设施条件，满足群众需求。推行城乡医疗保险制度一体化，将新农合和城镇居民医疗保险并轨，统一城乡居民医疗保险政策，促进城乡社会保障一体化。建立健全城乡社会救助体统，完善救助制度，统筹城乡养老事业发展，推进多层次的养老服务体系建设，鼓励社会力量开展养老服务产业。建设农牧民培训基地、职业技能实训基地、公共就业服务中心，完善就业创业指导体系，切实提高农牧民就业能力。

针对移民区社会保障力度不大、覆盖面窄的问题，建议将移民纳入城镇低保、医疗保险和养老保险保障体系，实现移民医疗保险和养老保险的全覆盖，使移民同其他城镇居民一样享有城镇最低生活保障。养老方面，在现行政策不变的基础上，建议将医疗保险个人缴纳部分全部列入地方政府补贴范

围，考虑将养老金领取年限放宽到男55周岁、女50周岁。对男性年满50周岁、女性年满45周岁的移民全部实行一次性缴纳养老金，并按月领取养老金。医疗保险方面，除了将个人缴纳的部分列入地方政府补贴范围外，提高新型农村合作医疗保障人均统筹标准，减少移民承担个人缴费负担，增加门诊基金、住院统筹基金限额，扩大诊疗项目和药品目录，并提高相应的省、州、县、乡四级定点医疗机构的报销比例，确保三江源地区的牧民享受更多实惠政策。

同时，根据实际情况，在符合相关条件的基础上，将生活困难的移民纳入城镇低保范围，做到应保尽保；对因疾病和遭受自然灾害的移民，加大社会救助力度，进行及时救助，使其基本生计得到保证。

第六节　加大移民的政策参与度，提高移民的政策满意度

三江源自然保护区生态保护与建设工程自实施以来虽然取得了明显的成绩，但生态保护与项目实施主要依赖政府，没有形成一个全民参与并从中受益的模式。公民参与的重要性在国外城镇发展模式和国内移民管理方面已经得到了证实。加大移民的政策参与度，不仅可以有效消除移民管理的各种风险，也是赋权给移民、提高移民参与积极性的有效手段。移民参与的方式是多样性的，可以是政策调研、政策制定、政策评价，也可以是实践性参与。多样性的参与方式力争让移民成为生态环境的真正保护者和受益者。

广大牧民是生态保护与建设的主体，实施三江源自然保护区生态保护与建设工程，始终离不开广大牧民的广泛参与和支持。《三江源国家公园条例（试行）》中第六十二条提出，鼓励和支持社会组织、企业事业单位和个人通过社区共建，协议保护、授权管理和领办生态保护项目等方式参与三江源国家公园的保护、建设和管理，这对今后的生态保护与建设工作提出了新要求。因此，本书建议，转变观念，充分发挥牧民天然对草场的情感及游牧文化对草场的保护效应，将移民从生态环境的破坏者变成生态环境的保护者和建设者，注重生态保护的长效机制，开创多方面的全员参与式保护模式。

第七节　建立长效的生态保护机制，健全生态补偿机制，积极推进流域补偿机制

自三江源自然保护区生态保护与建设工程实施以来，三江源地区的生态环境恶化情况得到了一定的遏制，生态系统得到了一定的恢复。但由于特殊的自然地理环境，三江源地区生态系统完全恢复仍需要很长的时间。三江源自然保护区生态保护和建设工程是一项持续时间长、难度大、体量大、涉及面广、复杂的系统工程，三江源生态治理不可一蹴而就，积极探索并建立生态保护的长效机制，是从根本上解决生态治理问题的唯一途径。

在国家、各部委的大力支持和共同努力下，三江源地区以中央财政为主、地方财政为辅的生态补偿体系已初步建立，主要包括生态保护与建设项目补偿，改善和提高农牧民基本生产生活条件与生活水平补偿水平，提升基层政府基本公共服务能力三个方面；但尚未建立三江源所属流域中下游 27 个省市对上游的生态成果补偿机制，补偿政策体系尚不完备。三江源生态补偿机制尚处于试点状态，存在碎片化、层次低、阶段化等问题，生态补偿随项目的完成而结束，难以发挥应有的作用；同时受生态价值认识和评估局限的影响，人们对三江源生态服务功能价值尚未达成共识，使其在资源开发、生态保护和政策制定中难以得到科学应用。本书建议，从国家层面和省级层面整合完善生态补偿内容，健全生态补偿机制，进一步推进流域补偿机制。

生活方面，本书建议，在中央生态补偿政策的框架下，建立符合规范、有差别、动态变化的补贴制度。在生态移民未形成持续、稳定性的收入之前，延长补助年限、提高补助标准。将以户为标准的发放方式变为按人发放，并保证生态移民的基本生活开支，同时高于当地城市居民最低生活保障标准，并建立随物价水平动态的调整机制。根据生态移民的年龄、个体差异设计差别化的生活补贴制度，可以在目前对 16 岁以下、55 岁以上的移民发放生活困难补助的标准基础上，对 16~55 岁的移民按照年龄段给予适当生活补贴，将 55 岁以上的移民直接纳入社会养老范畴。对 16~55 岁的青壮年劳力提供技能培训，使一部分人通过技能培训掌握一技之长，能在第二、第三产业就业；对一部分头脑灵活的人给予创业资金支持，鼓励其自主创业，拓展就业门路；对一部分年富力强的人进行劳务输出；其余人可从事生态管护员工作，并给

予长期扶持。在生活用能与取暖费方面，针对牧民生活生产的燃料消耗，建议按户均360袋牛粪使用量，折合成煤进行补贴；对牧民的生活用电实施电价优惠政策，由中央财政补贴电价差额，鼓励牧民采取“以电代薪”，使用清洁能源。

教育培训补贴方面，建议在现行“两免一补”政策的基础上，进一步提高补助标准，对高等教育阶段前的移民子女上学实行“包吃、包住、包学习费用”的三包政策，对高等教育阶段的移民子女的学费予以全额补贴，使其享受国民均等教育，增强移民子女的脱贫致富能力；加大移民技能培训的力度，将现行的800元人均投入提高到2000元，力争每人掌握1至2项实用技术，提高其就业能力。

生产方面，建议增加生产性补贴，完善后续产业，提高后期扶持。根据三江源地区资源禀赋与区域优势，加大牧业结构调整性投入，大力发展生态畜牧业；加大效益性高原绿色汉藏药材种植投入，努力提高移民收入；加大三江源地区旅游基础设施投入，以带动城镇发展；加大绿色能源基地建设投入，给区域经济发展带来新的经济增长点；加大移民技能培训投入，从根本上提升其就业技能；针对从事第二、第三产业及自主创业的移民，提高产业发展基金投入，缩减创业基金审批手续，降低贷款限制。

城镇建设方面，建议加大城镇基础设施建设和城镇补贴力度，特别是加大对城镇建设、给排水、供电、供水、供热、防洪、垃圾、污水处理基础设施建设以及城镇基础设施运行、维修和管理的补贴。

青海省十二届十三次全会提出要以开放合作的理念，倡导建立长江、黄河、澜沧江流域省份协同保护三江源共建共享机制，这是对三江源生态保护与建设的新思考、新诠释。实现长江、黄河、澜沧江流域省份协同保护三江源共建共享机制，不仅对青海省意义重大，对流域各省份的意义也很重大，这是从地方治理层次上升到国家战略层次的重大转变。

开展横向流域治理不仅是共同推进生态环境保护和治理的重要手段，也是健全生态补偿机制的重要内容。但从近几年国内开展的皖、浙两省的新安江流域，福建九龙江流域，贵州的赤水河流域横向生态补偿试点来看，总体上流域水平治理还处于起步阶段，缺乏有效的合作平台，联防共治的长效机制尚未真正建立，在一定程度上影响了流域生态治理的成效。2016年，财政部、环境保护部、国家发改委、水利部印发的《关于加快建立流域上下游横向生态保护补偿机制的指导意见》指出，要加快形成“成本共担、效益共享、合作共治”的流域保护和治理的长效机制，使保护自然资源、提供良好生态产品的地区得到合理补偿，促进流域生态环境质量的不断提高，这对三江源地区的生态保护与建设是一次重要契机，也是解决目前三江源地区补偿主体单一、补偿范围过小、补偿标准过低、补偿年限过短等问题的时机。因此，尽快探索出长江、黄河、澜沧江流域省份协同保护三江源共建共享机制，不仅有利于三江源生态效益的提高、解决地区之间的发展不平衡，也有利于三江源流域的共同繁荣与发展。

第九章

研究结论、研究发现、研究不足和研究展望

第一节　研究结论

三江源生态移民工程是党和政府保护三江源生态环境，解决三江源地区经济、社会、环境协调发展问题的重大举措。从实践来看，随着三江源自然保护区生态保护与建设工程的实施，三江源地区生态环境恶化趋势初步得到遏制，草原生态环境得到明显改善；生态移民工程与小城镇建设工程加快了三江源地区小城镇建设步伐和城镇化进程。三江源生态移民工程作为特殊生态区域的生态移民工程，是对西部少数民族地区的移民方式的一次有意义的探索，在青海生态文明建设中迈出了重要一步。

从短期看，生态移民工程是解决三江源生态保护问题的一项重要举措。但从长期看，由于制度本身的设计缺陷，同时缺乏政策延续性，加之移民问题的复杂性、三江源地区的特殊性，给生态移民工程带来了一系列后续问题，特别是在这种政策推动的急速城镇化过程中，产生了一系列的社会问题。生活空间的转变导致移民在生产方式、生活方式、心理及人际交往方面发生了极大的变化，给移民带来了极大的挑战。同样，由于采取了城镇化的无土安置方式，彻底割裂了移民同过去一切生产资料、生产工具、劳动对象之间的关系，加之移民非牧业生产技能的缺乏与移民技能培训的滞后，后续产业培育效果并不明显，移民就地转产转业困难；移民职业流动与职业分化并不明显，具有现代感的新型的业缘关系并未完全形成。虽然同之前学者的研究相比，移民的生产适应性有所提高，但移民的生产适应性依然不强，要真正达到转产就业、“能致富”，还需要一个较长的过程。在生活方面，随着搬迁时间的增加，移民的生活适应性逐渐增强。但移民的思想观念依然具有传统性特征，特别是进入城镇后，他们的衣食住行开支比搬迁前有所增加，移民的收入与消费需要一个较长的适应过程。移民在教育、医疗、住房方面还有一定的不适应，移民住房问题、医疗报销问题、子女上学问题有待解决。在人际交往方面，移民依然保持着原有的社交网络，血缘关系、姻缘关系依然是移民关系的主要纽带；移民在社交方面力不从心，由于资源分配问题，与当地人存在一定的隔阂，因此其在社会交往方面有一定的局限性。在心理方面，移民的自我认同度不高，对政府的依赖程度依然很高，心理上还处于不稳定的状态。

三江源生态移民作为一个特殊的群体，其城镇化是在政策推动下实现的，“被城镇化”的意味比较明显。由于没有经过城镇化的渐进过程，没有被给予充分的生活缓冲期、心理调整期、生产适应期，以及受地区经济社会因素影响，移民只是实现了居住方式与生活方式上的城镇化，思想观念与生产方式还处于半城镇化阶段。受户籍制度与管理模式的影响，移民的身份归属与管理方式还处于非城镇化状态，这种“居住城镇化、身份牧民化”的半城镇化状态，使移民长期处于城镇边缘，并产生了一定的贫困问题。

总体看来，三江源生态移民的城镇化质量并不高、水平并不好，同时三江源生态移民的社会适应性也有待提高。究其原因，主要受政策制度、产业发展、资金投入、城镇发展、外部环境、移民自身六个因素的影响。为此，本书认为，要提高三江源生态移民的城镇化水平与社会适应能力，必须从三江源地区实际出发，立足三江源地区资源禀赋和比较优势，借助国家和政府之力，给予相应政策倾斜和资金项目，扶持发展生态畜牧业、大力开发旅游业、发展贸易流通业、培育开发汉藏药材并建设绿色能源基地。将产业发展同城镇化建设、农牧民技能培训结合起来，以产业发展带动城镇发展，以产业发展促进移民转产就业。加强三江源地区的基础设施建设，不断完善城镇功能，逐步形成层次分明、结构合理、互动并进的城镇布局体系，为三江源地区社会经济发展构建良好的功能承载体系。建立健全三江源地区的社会综合服务体系，完善社会保障制度，满足人民不断增长的发展需求。建立健全生态移民管理组织机构，推动移民社区的常态化管理，实行移民的属地化管理，解决移民管理问题，实现移民社区的有序发展。建立长效的生态保护机制，健全生态补偿机制，积极推进流域补偿机制，解决地区之间发展不平衡问题，实现三江源地区人口、资源、环境的可持续发展。

第二节　研究发现

（1）三江源是一个天然的生态系统，几千年来，草原、牧民、牲畜与其他野生动植物相互作用、相互影响，形成了天然的平衡系统。从短期来看，暂时性的“围封转移”可以使生态系统得到恢复；但从长期来看，人为地将草场、牧民、牲畜进行分割，有可能导致因缺乏牧民与草场的互动而产生另一种生态失衡。调研发现有些草场杂草丛生，无人看管，鼠害严重。没有牧民的草场不是真正的草原，会出现另一种退化。

（2）国家政策上对退牧还草的补偿年限，仅考虑草场的恢复时间，未规划好退牧还草后的产业结构调整所需要的时间。从国内对高原生态环境的研究看，要使三江源生态功能得到全面恢复，至少需要几代人的努力，这远远超过了政策上的补偿期限。

（3）生态移民大多数定居在一些小城镇周围，有利于当地少数民族人口的城镇化。但由于过分关注生态环境的保护和经济发展，三江源生态移民工程并未就移民文化保护和发展作出相关规定，缺乏对生态移民原生文化的关注。民族语言的使用、民族文化的保护、民族风俗的传承都是需要考虑的内容。非物质文化遗产是人类文明的宝贵财富，是人类社会得以延续的文化命脉，是承载民族精神与情感的重要载体，是人民群众智慧的集中体现。加强三江源地区的文化保护，对于民族精神的传承、民族文化的传播具有十分重要的意义。

（4）2019 年后，州、县级三江源办公室已经撤销，并划归到州、县发改委，但仍属于临时机构，人员编制严重不足、流动性大，使项目管理连续性、有效性受到影响。此外，新成立的国家公园管理机构与地方政府及有关部门之间的工作协调不畅通，主体责任和权限不明晰，特别是在移民管理上存在的问题较多。

（5）青海省人大常委会制定的《三江源国家公园条例（试行）》，与国务院制定的自然保护区条例存在一些矛盾。调研发现，试点期间，自然保护区、国家公园体制并行，前者对核心区和缓冲区保护作了禁止性规定，后者则有加强园区基础设施和公共服务设施建设的规定，彼此存在矛盾，导致园区内基础设施建设无人审批、难以落地，世居牧民的生活水平难以提高。对此，相关部门应该积极向上级主管部门进行汇报沟通，解决法律适用问题，同时适时修改《三江源国家公园条例（试行）》，解决制约园区建设的关键问题。

第三节 研究不足

本书课题组通过广泛的调查，深入的访谈，细致的分析，对三江源生态移民的城镇化与社会适应状况有了一个较为完整的认识，对现存问题和相关影响因素做了分析，并针对性地提出了相应对策与建议，但由于各方面原因，本书还存在一定的不足之处，表现如下。

（1）受语言影响，与移民的沟通不够深入。

与生态移民沟通，主要以藏语为主。移民的普通话应用能力普遍偏低，能够熟练掌握普通话的人很少。在调研中，虽然有藏族学生在旁进行翻译，但仍存在语言障碍，特别是移民访谈中对部分内容理解不够深入。

（2）受条件限制，对自主搬迁的移民调研不足。

自主搬迁移民是生态移民的重要组成部分。由于自主搬迁户采取投亲靠友方式，与移民管理机构没有任何联系，本书课题组在调研中几经波折，多次查访，仅找到两户，未能形成一定的样本量。

（3）受统计口径影响，缺乏唐古拉山镇部分数据。

在对三江源地区经济、人口、社会发展的相关数据统计中，由于格尔木唐古拉山镇部分数据缺乏，未统计入内，导致部分数据存在一定的缺陷。

第四节 研究展望

生态移民工程是一个长期、复杂、系统的工程，问题繁杂、牵扯面广，在今后的研究中将加大以下几个方面的研究。

一是加大对自主安置户的研究。自主安置户有在城镇化和社会适应性方面的特殊规律，在今后的研究中应该对此群体进行细致的调查，并与集中安置的移民情况进行对比。

二是加大数据追踪。多数学者对移民的研究注重短期性、静止性，缺乏长期连续的动态跟踪。随着时间的推移，移民的城镇化水平、社会适应性情况是否提高和改善，都值得关注。

三是加大移民工程综合效益的研究。移民效益是实施生态移民工程决策的依据，也是实施生态移民工程的出发点。对生态移民后的效益评估和影响分析还有待进一步深入，并找到适合三江源生态移民的科学、合理、有效的评估方法。

四是加大对三江源生态补偿机制的研究。生态补偿机制能有效调节生态保护者、受益者和破坏者之间的利益关系，也是实现三江源地区人口、资源、环境可持续发展的主要手段。近年来，三江源生态补偿机制已得到社会的普遍认可，但对生态补偿的具体内容、补偿标准及若干关键性问题还未达成共识，流域补偿问题有待进一步解决。

参 考 文 献

中文资料

［1］徐勇．现代国家的建构与农业财政的终结［J］．华南师范大学学报：社会科学版，2006（2）．

［2］张灵俐．近三十年来生态移民研究述评［J］．东北农业大学学报：社会科学版，2014（6）．

［3］欧健利．人口理论模型分析［J］．金融经济：学术版，2014（10）．

［4］张铁军．生态移民社会适应问题研究［J］．理论建设，2012（3）．

［5］陈勇．对西方环境移民研究中几个基本问题的认识［J］．中国人口．资源．环境，2009（5）．

［6］杨彦平，金喻．社会适应性研究述评［J］．心理科学，2006（5）．

［7］王少静，曾天德．社会适应祥研究述评［J］．广西青年干部学院学报，2012（6）．

［8］李明欢．20世纪西方国际移民理论［J］．厦门大学学报，2000（4）．

［9］胡锦山．罗伯特．帕克与美国城市移民问题研究［J］．求是学刊，2008，1（35）．

［10］包智明．关于生态移民的定义，分类及若干问题［J］．中央民族大学学报，2006（1）．

［11］葛根高娃，乌云巴图．内蒙古牧区生态移民的概念，问题与对策［J］．内蒙古社会科学：汉文版，2003（2）．

［12］施国庆，严登才，周建．生态移民社会冲突的原因及对策［J］．宁夏社会科学，2009（11）．

［13］皮海峰．小康社会于生态移民［J］．农村经济，2004（6）．

［14］东日布．沼气与生态养殖［J］．中国牧业通讯，2006（11）．

[15] 冯芸，陈幼芳. 云南怒江傈僳族自治州实施异地开发与生态移民的障碍分析及对策研究 [J]. 经济问题探索，2009 (3).

[16] 李耀松，许芬，李霞. 宁夏生态移民可持续发展研究 [J]. 宁夏社会科学，2012 (1).

[17] 秦小东，李丁，潘燕辉. 沙漠化地区乡村社区生态移民影响因子与预测模型研究：民勤县湖区为例 [J]. 西北人口，2007 (5).

[18] 葛根高娃，乌云巴图. 内蒙古牧区生态移民的概念，问题与对策 [J]. 内蒙古社会科学，2003 (6).

[19] 徐红罡. "生态移民"政策对缓解草原生态压力的有效分析 [J]. 国土与自然资源研究，2004 (4).

[20] 任国英. 内蒙古鄂托克旗生态移民的人类学思考 [J]. 黑龙江民族丛刊，2005 (5).

[21] 初春霞，孟慧君. 生态移民与内蒙古经济可持续发展 [J]. 现代农业化研究，2006 (2).

[22] 苏米雅，刘恒. "我们一起回家". 移民村的"寻根与植根"：以内蒙古牧区 B 生态移民村为例 [J]. 中国社会工作，2018 (2).

[23] 一迪. 生态移民的困惑 [J]. 华夏人文地理，2003 (3).

[24] 孟琳琳，包智明. 生态移民研究综述 [J]. 中央民族大学学报，2004 (6).

[25] 白建俊，谢芳. 对黄南藏族自治州三江源自然保护区生态移民情况的调查 [J]. 青海金融，2007 (7).

[26] 皮海峰. 小康社会与生态移民 [J]. 农村经济，2004 (6).

[27] 王培先. 生态移民. 小城镇建设与西部发展 [J]. 国土经济，2000 (6).

[28] 刘学敏，陈静. 生态移民，城镇化与产业发展：对西北地区城镇化的调查与思考 [J]. 中国特色社会主义研究，2003 (2).

[29] 刘灵辉，陈银蓉，成楠，等. 紫坪铺水库移民安置土地调整的利益冲突问题 [J]. 资源科学，2010 (3).

[30] 肖平，秦朝钧. 城市化背景下中国水电移民安置的政策选择 [J]. 长江流域资源与环境，2010 (4).

[31] 梅昀，陈银蓉，刘灵辉，等．水库移民安置集体土地流转的分析与思考 [J]．国土资源科技管理，2010 (3).

[32] 张林秀，刘承芳．从性别视角看中国农村土地调整中的公平问题 [J]．现代经济探讨，2005 (10).

[33] 李实．中国农村劳动力流动与收入增长和分配 [J]．中国社会科学，1999 (2).

[34] 陶然，童菊儿，汪晖，等．二轮承包后的中国农村土地行政性调整．典型事实，农民反应与政策含义 [J]．中国农村经济，2009 (10).

[35] 叶剑平，蒋妍，罗伊·普罗斯特曼，等．2005 年中国农村土地使用权调查研究．17 省调查结果及政策建议 [J]．管理世界，2006 (7).

[36] 杜培华，欧名豪．农户土地流转行为影响因素的实证研究 [J]．国土资源科技管理，2008 (1).

[37] 张三峰，王非．基于 Logit 模型的农民土地调整意愿分析．来自 2006 年中国综合社会调查的证据 [J]．经济评论，2010 (2).

[38] 曹建华，王红英，黄小梅．农村土地流转的供求意愿及其流转效率的评价研究 [J]．中国土地科学，2007 (5).

[39] 熊成喜，陈银蓉．水库移民安置区土地流转规模的影响因素分析 [J]．资源与产业，2010 (6).

[40] 李敏．影响农村土地流转的多元回归分析 [J]．江西农业大学学报：社会科学版，2010 (1).

[41] 李娜，程千，胡兰兰，等．土地产权理论在土地可持续利用与水库移民安置中的应用 [J]．农村经济与科技，2009 (11).

[42] 拜琦瑞，马文静．生态移民与西北地区城镇化的经济学分析 [J]．西北人口，2004 (1).

[43] 李皓．论生态移民与民族地区现代化 [J]．黑龙江民族丛刊，2005 (1).

[44] 桑敏兰．宁夏生态移民与城镇化发展研究 [J]．西北人口，2005 (1).

[45] 卿向阳．四川西北民族地区生态移民与小城镇发展研究的调查报告 [J]．西南科技大学学报：哲学社会科学版，2006 (1).

[46] 王少静，曾天德．社会适应性研究述评 [J]．广西青年干部学院学

报，2012（12）.

［47］郝玉章，风笑天．三峡外迁移民的社会适应性及其影响因素研究［J］. 市场与人口分析，2005（6）.

［48］张萍．目前我国大学生群体的社会适应危机［J］. 中国青年政治学院学报，2008（1）.

［49］郑丹丹，雷洪．三峡移民社会适应中的主观能动性［J］. 华中科技大学学报，2002（3）.

［50］叶嘉国，雷洪．三峡移民对经济发展的适应性—对三峡库区移民的调查［J］. 中国人口科学，2000（6）.

［51］李杰，苏娅，雅如，等．草原生态移民社会适应状况，心理健康水平调查报告：以内蒙古阿拉善盟孪井滩为例［J］. 内蒙古师范大学学报：哲学社会科学版，2010（2）.

［52］朱晓静．甘肃扶贫移民的社会适应性研究［J］. 辽宁行政学院学报，2012（11）.

［53］田晓娟．同心县生态移民的生活状况与社会适应研究：以石狮管委会惠民村移民点黄家水为例［J］. 宁夏社会科学，2012（4）.

［54］王应政，戴斌斌．民族地区生态移民社会适应性研究：以贵州扶贫生态移民工程为例［J］. 贵阳学院学报，2014（1）.

［55］解彩霞．三江源生态移民的社会适应研究：基于格尔木市两个移民点的调查［J］. 青海社会学科学，2009（3）.

［56］马晓梅．宁夏生态移民社会适应性问题的调查研究［J］. 中共银川市委党校学报，2013（4）.

［57］绽小林，陶秉元．青藏高原三江源区生态环境与生态移民及社会发展困境问题研究：以青海藏区藏民族移民群体为主体的实证研究［J］. 藏学学刊，2008（10）.

［58］索端智．三江源生态移民的城镇化安置及其适应性研究［J］. 青海民族学院学报，2009（2）.

［59］王小梅，高丽文．三江源地区生态移民与城镇化协调发展研究［J］. 青海师范大学学报：社会科学版，2008（1）.

［60］张娟．对三江源区藏族生态移民适应困境的思考：以果洛州扎陵湖

乡生态移民为例［J］. 西北民族大学学报：哲学社会科学版，2007（3）.

［61］石德生．三江源生态移民的生活状况与社会适应：以格尔木市长江源生态移民点为例［J］. 西藏研究，2008（4）.

［62］解彩霞．三江源生态移民的社会适应研究：基于格尔木市两个移民点的调查［J］. 青海社会学科学，2009（3）.

［63］马宝龙．困境与对策．三江源区藏族生态移民适应性研究：以果洛州扎陵湖乡移民为例［J］. 甘肃联合大学学报：社会科学版，2007（3）.

［64］东日布．生态移民扶贫的实践与启示［J］. 中国贫困地区，2000.

［65］张维庆．科学发展观与中国人口［J］. 求实，2004（7）.

［66］王秋瑞．WTO 国际移民法律规范初探［J］. 时代潮，2004（11）.

［67］陶格斯．浅谈镶黄旗生态移民在呼和浩特市郊区的社会适应性［J］. 华北农学报，2006（专辑）.

［68］丘立本．从国际移民角度研究华侨华人问题［J］. 侨务工作研究，2004（3）.

［69］吴宗法，荀厚平．我国水库移民政策与世界银行移民政策对比分析［J］. 水利水电科技进展，1998（3）.

［70］赵静，贾晔．论我国现行水库移民政策［J］. 中共桂林市委党校学报，2002（4）.

［71］梁承忠．大中型水利水电工程水库移民安置政策研究［J］. 水电站设计，2005（6）.

［72］宋建军．中国生态移民政策［N］. 中国民族报，2005-10-12.

［73］乌兰图雅．阿盟生态移民搬得出稳得住脱贫快［N］. 内蒙古日报（汉），2000-10-03（4）.

［74］闫秋源．环境社会学视野中的生态移民与社区构建：以内蒙古鄂托克旗棋盘井移民村为例［D］. 北京：中央民族大学，2005.

［75］周鹏．中国西部地区生态移民可持续发展研究［D］. 北京：中央民族大学，2013.

［76］黄婷．贵州省生态移民就业适应性研究［D］. 贵州：贵州财经大学，2017.

［77］尕旦才让．三江源生态移民研究：基于经济学视角［D］. 西安：陕

西师范大学，2013.

［78］葛剑雄．中国移民史［M］．福州：福建人民出版社，1997.

［79］国风．农村税赋与农民负担［M］．北京：经济日报出版社，2003.

［80］陈光焱等．中国财政史［M］．北京：中国财政经济出版社，2001.

［81］李秉龙，等．中国农村贫困，公共财政与公共物品［M］．北京：中国农业出版社，2003.

［82］宋洪远，等．中国乡村财政与公共管理研究［M］．北京：中国财政经济出版社，2004.

［83］项继权．走出“黄宗羲定律”的怪圈：中国农村税费改革的调查与研究［M］．兰州：西北大学出版社，2004.

［84］徐勇，吴理财．走出“生之者寡，食之者众”的困境：县乡村治理体制反思与改革［M］．兰州：西北大学出版社，2004.

［85］李竞能．当代西方人口学说［M］．太原：山西人民出版社，1992.

［86］东梅，刘算算．农牧交错带生态移民综合效益评价研究［M］．北京：中国社会科学出版社，2011.

［87］迈克尔·M·塞尼．移民．重建．发展：世界银行移民政策与经验研究（二）［M］．南京：河海大学出版社，1998.

［88］李星星，冯敏，李锦，等．长江上游四川横断山区生态移民研究［M］．北京：民族出版社，2007.

［89］新吉乐图．中国环境政策报告（生态移民）［M］．呼和浩特：内蒙古大学出版社，2011.

［90］方兵，彭志光．生态移民．西部脱贫与生态环境保护新思路［M］．南宁：广西人民出版社，2002.

［91］李星星，冯敏，李锦，等．长江上游四川横断山区生态移民研究［M］．北京：民族出版社，2007.

［92］色音，张继焦．生态移民的环境社会学研究［M］．北京：民族出版社，2009.

［93］曹锦清．黄河边的中国．一个学者对乡村社会的观察与思考［M］．上海：上海文艺出版社，2000.

［94］财政部国库司．大数据时代．推开财政数据挖掘之门［M］．北京：

经济科学出版社，2013.

［95］陈桦，刘宗志．救灾与济贫．中国封建时代的社会救助活动（1750—1911）［M］．北京：中国人民大学出版社，2005.

［96］陈立行，柳中权．向社会福祉跨越［M］．北京：社会科学文献出版社，2007.

［97］陈立新．社会指标与社会协调发展［M］．长沙：湖南大学出版社，2005.

［98］陈锡文．中国农村公共财政制度．理论，政策，实证研究［M］．北京：中国发展出版社，2005.

［99］杜发春．三江源生态移民研究［M］．北京：中国社会科学出版社，2013.

［100］张宝欣．开发性移民理论与实践［M］．北京：中国三峡出版社，1999.

［101］辛文，焦成斌．三峡工程四川库区移民工作回顾［M］．成都：四川人民出版社，1998.

［102］钱文书．人口迁移影响下的中国农民家庭［M］．北京：中国社会科学出版社，2015.

［103］邵景安，徐新良．农牧民对生态建设工程响应的对比研究：以江西山江湖和青海三江源为例［M］．北京：科学出版社，2016.

［104］李袁园．中国省际人口迁移和区域经济发展研究：基于“六普”数据分析［M］．北京：社会科学文献出版社，2014.

［105］新玉言．新型城镇化格局规划与资源配置［M］．北京：国家行政学院出版社，2013.

［106］苏薇．三江源生态移民保险保障研究［M］．天津：天津大学出版社，2016.

［107］任善英．三江源生态移民生产生活效益研究［M］．天津：天津大学出版社，2016.

［108］徐黎丽．西口—汉族移民西北边疆及文化变迁研究［M］．北京：民族出版社，2010.

［109］李媛媛，李伟．少数民族地区生态移民政策研究：以内蒙古为例

[M]. 北京：经济科学出版社，2016.

[110] 张体伟. 西部民族地区自发移民迁入地聚居区建设社会主义新农村研究 [M]. 北京：中国社会科学出版社，2011.

[111] 谢元媛. 生态移民政策与地方政府实践：以敖鲁古雅鄂温克生态移民为例 [M]. 北京：北京大学出版社，2010.

[112] 张丽君，刘云喜. 牧区生态移民安置的效益评估及其指标体系研究 [M]. 北京：中国经济出版社，2015.

[113] 东梅，魏涛，等. 生态移民满意度驱动机制及其安置方式选择策略研究 [M]. 北京：经济科学出版社，2015.

[114] 粱福庆. 三峡工程移民问题研究 [M]. 武汉：华中科技大学出版社，2011.

[115] 施国庆，李文，等. 水库移民城镇化安置与社会管理创新 [M]. 北京：社会科学文献出版社，2011.

[116] 马戎. 人口变迁与社区变迁. 内蒙古赤峰调查（续篇）[M]. 北京：社会科学文献出版社，2015.

[117] 魏国学. 城镇化过程中的三大问题. 就业，土地和公共服务 [M]. 北京：人民日报出版社，2015.

[118] 张宏岩. 青海省藏族地区经济与社会协调发展研究 [M]. 北京：中国民族大学出版社，2011.

[119] 刘志山等. 移民文化及其伦理价值 [M]. 北京：商务出版社，2010.

[120] 苏昕. 中国城市新移民的公民权研究 [M]. 北京：社会科学文献出版社，2013.

[121] 魏永峰. 人力资本，社会资本与城市新移民的职业地位获得 [M]. 北京：中国出版集团，2015.

[122] 孙发平，等. 中国三江源区生态价值及补偿机制研究 [M]. 北京：中国环境出版社，2008.

[123] 江易华. 人口迁移与县域城镇化研究 [M]. 北京：经济科学出版社，2016.

[124] 马伟华. 生态移民与文化调适. 西北回族地区吊庄移民的社会文化

适应研究［M］. 北京：民族出版社，2011.

［125］黄东东．征地补偿，制度变迁与交易成本：以三峡移民为研究对象［M］. 北京：法律出版社，2015.

［126］方迎风．多维贫困视角下的区域性扶贫政策选择［M］. 武汉：武汉大学出版社，2015.

［127］付海鸿．三江源生态移民的文化变迁与身份认同研究：以格尔木昆仑文化村为例［M］. 北京：中国社会科学出版社，2017.

［128］李从军．中国新城镇化战略［M］. 北京：新华出版社，2013.

［129］李培林，王晓毅．生态移民与发展转型：宁夏移民与扶贫研究［M］. 北京：社会科学文献出版社，2013.

［130］马洪波．可持续发展视角下．三江源生态保护的长效机制研究［M］. 北京：人民出版社，2016.

［131］程瑜．白村生活：广东三峡移民适应性的人类学研究［M］. 北京：民族出版社，2006.

［132］彭豪祥，冯耕耘．三峡移民社会适应性研究［M］. 武汉：武汉大学出版社，2015.

［133］李强，刘精明，郑路．城镇化与国内移民［M］. 北京：社会科学出版社，2015.

［134］刘翠芬，王振刚．少数民族地区移民安置可持续发展研究［M］. 郑州：黄河水利出版社，2011.

［135］林峰．旅游引导的新型城镇化［M］. 北京：中国旅游出版社，2013.

［136］李健胜，郭凤霞．国家，移民与地方社会．河湟汉族研究［M］. 北京：人民出版社，2015.

［137］新玉言．新型城镇化理论发展与前景透析［M］. 北京：国家行政学院出版社，2013.

［138］徐璋勇，姚慧琴．中国西部地区新农村建设途径与政策选择研究［M］. 北京：中国经济出版社，2014.

［139］李迪强．民族地区生态规划：三江源地区系统保护规划研究［M］. 北京：中国环境科学出版社，2010.

［140］丁四保，王昱．区域生态补偿的基础理论与实践问题研究［M］．北京：科学出版社，2010.

［141］秦大河．三江源区生态保护与可持续发展［M］．北京：科学出版社，2014.

［142］彭敏，舒俭民，翟永洪，等．三江源地区生态补偿机制研究［M］．西宁：青海人民出版社，2013.

［143］赵新全，等．三江源退化草地生态系统恢复与可持续管理［M］．北京：科学出版社，2011.

［144］张贺全．青海三江源生态保护和建设工程规划研究［M］．西宁：青海人民出版社，2013.

英文资料

［1］Everett S. Lee：A Theory of Migration，Demography. 1966.

［2］Henry Chandler Cowles. The Ecological Relation of the Vegetation of the Sand Dunes of Lake Michigan［J］. Adopted from The New Encyclopedia Britannica，1993，13.

［3］Debbie Dickinson，Michaelwebber. Environmental Resettlement and Development On The Steppes of Inner Mongolia，PRC［J］. Journal of development studies，2007（3）.

［4］Scudder T. Colson. E. Involuntary migration and resettlement：the pattern and responses of dislocatedpeople［M］. Boulder：Westview Press，1982.

［5］BhugraD，Jones P. Migration and mental health.［J］. Advances in psychiatric Treatment，2001（7）.

［6］Backhaus，Jűgen G. "Fiscal Sociology：what for?"［J］. American Journal of Economics and Sociology，2002，61（1）：55–77.

［7］Biersack，Aletta. Introduction："From the ? New Ecology? to the New Ecologies."［J］. American Anthropologist，1999，101（1）.

［8］Intrigliolo D S，Castel J R. Usefulness of diurnal trunk shrinkage as a water stress dicator in plum trees［J］. Tree Physiol. 2006，26（3）：303 — 311

［9］Lee Byun–woo，Shin J H. Optimal irrigation management system of greenhouse tomato ased on stem diameter and transpiration monitoring［J］. Agric Info Tech in Asia and Oceania, 1998, 87-90.

[10] Goldhamer DA, Fereres E. Irrigation scheduling protocols using continuously recorded trunk diameter measurements [J]. Irrig Sci, 2001, 20 (3): 115-125.

[11] Remorini D, Massai R. Comparison of water status indicators for young peach trees [J]. Irrigation Science, 2003, 22 (1): 39-46.

[12] Gamier E, Berger A. Testing water potential in peach trees as an indicator of water stress [J]. Journal of Horticultural Science, 1985 (60): 47-56.

[13] umer N C. Crop water deficits: A decade of progress [J]. Advin Agron, 1987 (39): 1-51.

[14] Ortu o M, Garca-Orellana Y, Conejero W, eta1. Relationships between climatic ariables and sap flow stem water potential and maximum daily trunk shrinkage in lemon trees [J]. Plant and Soil, 2006, 279 (1-2): 229-242.

[15] Debbie Dickinson, Michael Webber. Environmental Resettlement And Development On The Steppes of Inner Mongolia, PRC [J]. Journal of Development Studies. 2007 (3): 43, 537-561.

[16] P. M. Hauser and O. D. Duncan (ed). The Study of Population: An Inventory Appraisal [M]. Chicago: The University of Chicago Press, 1959.

[17] Harlan J. R. Agriculture Origins: CentersAnd Noncenters [J]. Science, 1971, 10 (29): 174, 468-474.

[18] Daniel E. L. The Rise And Fall of Seasonal Mobility among Hunter—Gatherers [J]. Current Anthropology, 1993, 34 (5): 599-631.

[19] Cohen M. N. Archaeological Evidence For Population Pressure In Pre-Agricultural Societies [J]. American Antiquity, 1975, 40 (4): 471-475.

[20] Jack Challem, Paleolithic Nutrition: Your Future Is In Dietary Past [J]. The Nutrition Reporter, 1997.

[21] E. G. Ravenstein. The laws of Migration [J]. Journal of the Rogal Statistical Society, 1889, (52): 241-305.

[22] Emily T. Yeh. "Green Governmentality and Pastoralism in Western China: 'Converting Pastures to Grasslands" [J]. Nomadic Peoples, 2005, 9 (01): 9-29.

[23] Galaty, John G. The Modernity of Pastoralism in East Africa Today: Properly, Mobility and the New Territoriality [J]. Prestentation at the Institute of Ethnology and Anthropology of the Chinese Academy of Social Sciences, 2008, 7.

[24] Hinnawi, E. E. Environmental refuges. Nairobi. Kenya: UNEP: 1985.

[25] Restriction of access is displacement: A broader concept and policy. 2005. Cernea, M. Forced Migrattion Review 23: 48-49.

附　录

三江源生态移民城镇化与社会适应性调查问卷

问卷说明：您好，我们是国家社科基金青年项目《三江源生态移民城镇化与社会适应性问题研究》（项目编号：2014CGL028）的调研人员，为了全面了解三江源生态移民的生产、生活情况，设计了本问卷。请您根据您的实际情况回答本问卷。您的回答对于我们了解有关情况具有十分重要的意义。如果因此对您的生活和工作造成不便，我们深表歉意，请您理解和帮助我们的工作。对问卷中问题的回答，没有对错之分，您只要根据实际情况回答即可。根据《中华人民共和国统计法》第三章第十四条，我们会对您所提供的所有信息绝对保密。我们在以后的科学研究、政策分析及观点评论中发布的是大量问卷的信息汇总，而不是您个人、家庭、村委会/居委会的具体信息，不会造成您个人、家庭、村委会/居委会信息的泄露。再次感谢您对我们工作的支持！

《三江源生态移民城镇化与社会适应性问题研究》项目课题组

---

1. 问卷编号：[　　　　　　　　　　　　]
2. 样本序号：[　　　　　　　　　　　　]
3. 调查地点：________州________县________社区
4. 安置类型：（1）跨州安置　（2）跨县安置　（3）跨乡（县内）安置　（4）乡内安置
5. 调查员：____
6. 调查时间：2018 年________月________日________时________分开

始，________时________分结束

7. 复查员：____

A. 个人与家庭情况

A1. 您的性别：

1. 男　　2. 女

A2. 您的婚姻状况：

1. 已婚　　2. 未婚　　3. 离异　　4. 丧偶

A3. 您的年龄：

1. 16–20　　2. 20–30　　3. 31–40　　4. 41–50

5. 51–60　　6. 61–70　　7. 70 岁以上

A4. 您的民族：

1. 藏族　　2. 蒙古族

3. 汉族　　4. 其他少数民族（请注明______）

A5. 您是否是村干部：

1. 是　　2. 否

A6. 您的文化程度：

1. 没有受过任何教育　　2. 扫盲班

3. 小学　　4. 初中

5. 职业高中　　6. 普通高中

7. 中专　　8. 技校

9. 大学专科（成人高等教育）　　10. 大学专科（正规高等教育）

11. 大学本科（成人高等教育）　　12. 大学本科（正规高等教育）

13. 研究生及以上　　14 其他（请注明：________）

A7. 您的普通话水平：

1. 可以全部听懂并流利的表达　　2. 可以听懂部分，也可以部分表达

3. 能听懂部分但不会表达　　4. 全部听不懂，也不会表达

A8. 您家是哪一年搬迁来的？________

B 搬迁前后家庭的生产和生活变化情况

B1. 搬迁前，您家的住址：____

B2. 搬迁后，您家的住址：____

B3. 搬迁前，您家的户口情况：

1. 农业户口　　　　2. 非农业户口（城镇户口）

B4. 搬迁后，您家的户口情况：

1. 农业户口　　　　2. 非农业户口（城镇户口）

B5. 搬迁前，您家庭人口：

1. 1 人　　2. 2 人　　3. 3 人　　4. 4 人

5. 5 人　　6. 6 人　　7. 其他（请注明：________）

其中男劳动力________人，女劳动力________人，老人（60 岁以上）________人，小孩（16 岁以下）________人

B6. 搬迁后，您家庭人口：

1. 1 人　　2. 2 人　　3. 3 人　　4. 4 人

5. 5 人　　6. 6 人　　7. 其他（请注明：________）

其中男劳动力________人，女劳动力________人，老人（60 岁以上）________人，小孩（16 岁以下）________人

B7. 搬迁前，您家的居住情况：

1. 帐篷　　2. 砖木结构房　　3. 土木结构房

4. 板房　　5. 砖混结构房

B8. 搬迁后，您家的居住情况：

1. 帐篷　　2. 砖木结构房　　3. 土木结构房

4. 板房　　5. 砖混结构房

B9. 搬迁前，您家的居住面积________平方米

B10. 搬迁后，您家的居住面积________平方米

B11. 搬迁前，您家的草场________亩，其中网围栏________亩，其他（请注明：________亩）

B12. 搬迁后，您家的草场________亩，其中网围栏________亩，其他（请注明：________亩）

搬迁后，草场如何管理：________________________________

B13. 搬迁前，您家的牲畜情况：牦牛________（头），马________（匹），羊________（只），其他（请注明：________）

B14. 搬迁后，您家的牲畜情况：牦牛________（头），马________（匹），羊________（只），其他（请注明：________）

B15. 搬迁前，您家主要从事（您主要做什么）：

1. 农业（种植） 2. 牧业（养牛羊）
3. 商业（做生意） 4. 外出打工
5. 跑运输 6. 其他（请注明：________）

B16. 搬迁后，您家主要从事（您主要做什么）：

1. 农业（种植） 2. 牧业（养牛羊）
3. 商业（做生意） 4. 外出打工
5. 跑运输 6. 其他（请注明：________）

B17. 搬迁前，您家的主要收入来源（多选）：

1. 挖虫草 2. 政府补贴 3. 卖牲畜 4. 靠手艺打工
5. 无手艺打工 6. 挖金 7. 工资收入 8. 做生意
9. 其他（请注明：________）

B18. 搬迁后，您家的主要收入来源（多选）：

1. 挖虫草 2. 政府补贴 3. 卖牲畜 4. 靠手艺打工
5. 无手艺打工 6. 挖金 7. 工资收入 8. 做生意
9. 其他（请注明：________）

B19. 搬迁前，您家的每年收入多少钱（以 2003 或 2004 为例）：

1. 10000 元以下 2. 10001-20000 元
3. 20001-30000 元 4. 30001-40000 元
5. 40001-50000 元 6. 50001-60000 元
7. 60001-70000 元 8. 70001-80000 元
9. 80001-100000 元 10. 其他（请注明：________）

B20. 搬迁前，您家的每年支出多少钱（以 2003 或 2004 为例）：

1. 10000 元以下　　2. 10001–20000 元
3. 20001–30000 元　　4. 30001–40000 元
5. 40001–50000 元　　6. 50001–60000 元
7. 60001–70000 元　　8. 70001–80000 元
9. 80001–100000 元　　10. 其他（请注明：________）

B21. 搬迁后，您家的每年收入多少钱（以 2016 或 2017 为例）：

1. 10000 元以下　　2. 10001–20000 元
3. 20001–30000 元　　4. 30001–40000 元
5. 40001–50000 元　　6. 50001–60000 元
7. 60001–70000 元　　8. 70001–80000 元
9. 80001–100000 元　　10. 其他（请注明：________）

B22. 搬迁后，您家的每年支出多少钱（以 2016 或 2017 为例）：

1. 10000 元以下　　2. 10001–20000 元
3. 20001–30000 元　　4. 30001–40000 元
5. 40001–50000 元　　6. 50001–60000 元
7. 60001–70000 元　　8. 70001–80000 元
9. 80001–100000 元　　10. 其他（请注明：________）

B23. 搬迁前，您家的收入主用花费在（三项）：

1. 房租　　2. 子女教育　　3. 购买牛羊　　4. 宗教活动
5. 储蓄　　6. 交通及通信方面　　7. 日常生活方面
8. 人情花费　　9. 医药支出
10. 改善生活状况（盖房子、购买车辆、家电设施）
11. 其他（请注明：________）

B24. 搬迁后，您家的收入主用花费在（三项）：

1. 房租　　2. 子女教育　　3. 购买牛羊　　4. 宗教活动
5. 储蓄　　6. 交通及通信方面　　7. 日常生活方面
8. 人情花费　　9. 医药支出
10. 改善生活状况（盖房子、购买车辆、家电设施）
11. 其他（请注明：________）

B25 搬迁前，您家的生活用水情况：

1. 雪水　2. 河水　3. 泉水　4. 自来水

B26. 搬迁后，您家的生活用水情况：

1. 雪水　2. 河水　3. 泉水　4. 自来水

B27. 搬迁前，您家的用电情况：

1. 通电并且能正常使用　2. 通电不能正常使用，会停电

3. 没有电，靠自己发电　4. 没有使用电

B28. 搬迁前，您家的用电情况：

1. 通电并且能正常使用　2. 通电不能正常使用，会停电

3. 没有电，靠自己发电　4. 没有使用电

B29. 搬迁前，您家外出的主要交通方式：

1. 步行　2. 骑马　3. 坐班车　4. 自己开车

B30. 搬迁后，您家外出的主要交通方式：

1. 步行　2. 骑马　3. 坐班车　4. 自己开车

B31. 搬迁前，您外出最远的地方：

1. 乡内　2. 县内　3. 州内

4. 省内　5. 外省

B32. 搬迁后，您外出最远的地方：

1. 乡内　2. 县内　3. 州内

4. 省内　5. 外省

B33. 搬迁前，您日常的饮食是：________________

B34. 搬迁后，您日常的饮食是：________________

B35. 搬迁前，您的日常穿着是：

1. 主要是藏服　2. 主要是便服　3. 藏服汉服都穿

B36. 搬迁后，您的日常穿着是：

1. 主要是藏服　2. 主要是便服　3. 藏服汉服都穿

B37. 搬迁前，您的养老、医疗、社保情况：________________

搬迁后，您的养老、医疗、社保情况：________________

B38. 最吸引您搬到移民新村居住的原因是：

1. 住房比较舒适　2. 子女上学便利

3. 看病就医方便　　4. 出行方便

5. 有更多的机会就业　　6. 其他（请备注：________）

C 移民对生态搬迁与政策补偿的态度

C1. 您对国家为了实施对三江源地区的生态保护，而进行的生态移民搬迁的态度是：

1. 支持　　2. 不支持，但无能为力

3. 不支持也不反对　　4. 无所谓

为什么？（请注明：________）

C2. 您认为实施生态移民搬迁能否实现最三江源地区生态恢复与保护：

1. 可以　　2. 不可以　　3. 不知道

为什么？（请注明：________）

C3. 您家当时在移民搬迁中的态度是：

1. 自愿搬迁

2. 非自愿搬迁，政府多次动员后搬迁

3. 强制搬迁

C4. 您家当时不愿意搬迁的原因是：

1. 对搬迁后生活的担忧　　2. 对故土的依恋

3. 补偿标准太低　　4. 其他（请注明：________）

C5. 您家当时愿意搬迁的原因是：

1. 对搬迁后生活的向往，主要是生活环境的改善

2. 子女教育与就业

3. 医疗

4. 其他（请注明：________）

C6. 您是否了解政府有关生态移民搬迁补偿的标准：

1. 了解　　2. 了解一些　　3. 完全不了解

C7. 您是从哪个渠道了解生态移民搬迁补偿的政策：

1. 政府部门　　2. 村民　　3. 亲戚朋友　　4. 村干部

C8. 您对目前的补偿标准是否满意：

1. 非常满意　　2. 满意　　3. 基本满意
4. 不满意　　5. 非常不满意

C9. 您家每年获得的补偿有（请详细说明内容与金额）：

1. 燃料：________________
2. 草场：________________
3. 饲料：________________
4. 住房：________________
5. 生活困难补助：________________
6. 其他：________________

C10. 您认为现行的补偿政策存在的主要问题有：

1. 补偿标准太低　　2. 补偿年限太少
3. 补偿标准不统一　　4. 政策落实不到位
5. 其他（请注明：________）

C11. 搬迁后，您家的草场植被、生态变化情况：

1. 变好了　　2. 没有变化　　3. 变坏了

C12. 您对搬迁中的房屋分配是否满意：

1. 非常满意　　2. 满意　　3. 基本满意
4. 不满意　　5. 非常不满意

C13. 您对搬迁后的住房条件是否满意：

1. 非常满意　　2. 满意　　3. 基本满意
4. 不满意　　5. 非常不满意

C14. 您对搬迁后的住房条件不满意的原因是：

1. 房屋面积小　　2. 房屋质量不好
3. 房屋基础设施不足　　4. 房屋结构不合理
5. 其他（请注明：________）

C15. 您对现社区的管理干部的满意情况：

1. 非常满意　　2. 满意　　3. 基本满意
4. 不满意　　5. 非常不满意

D 搬迁前后的家庭主要物品比较

物品	彩色电视机（台）	DVD VCD（台）	音响（套）	电脑（台）	手机（部）	卡车（辆）	轿车（辆）	拖拉机（辆）	摩托车（辆）	太阳能（个）	冰箱（台）	洗衣机（台）	酥油机（台）
搬迁前数量													
搬迁后数量													

E 人际适应情况

E1. 搬迁后，您是否有当地（非移民）的朋友：

1. 有　　2. 没有

E2. 搬迁后，您当地（非移民）的朋友人数：

1. 5 人以下　　2. 6-10 人　　3. 11-15 人　　4. 15 人及以上

E3. 搬迁后，您当地（非移民）的朋友如何认识的：

1. 打工认识　　2. 共同的志趣

3. 朋友介绍　　4. 其他（请注明：________）

E4. 您生活中遇到困难，会向谁提出请求：

1. 家人　　2. 亲戚朋友　　3. 原来村子的人

4. 现在村子的人　　5. 其他村子的人

E5. 搬迁后，你交往的主要对象是：

1. 家人　　2. 亲戚朋友　　3. 原来村子的人

4. 现在村子的人　　5. 其他村子的人

E6. 搬迁后，对迁入地的邻里关系是否满意：

1. 非常满意　　2. 满意　　3. 基本满意

4. 不满意　　5. 非常不满意

E7. 搬迁后，你和当地人的来往多吗？频繁程度是：

1. 非常多　　2. 很多　　3. 一般

4. 不多　　5. 没有来往

E8. 搬迁后，您觉得当地居民对你们的态度是：

1. 对我们很热情，从不歧视我们

2. 大多数都不歧视，只有小部分歧视我们

3. 很多人都歧视，经常遭白眼

E9. 搬迁后，您对当地人的态度是：

1. 很好相处　　2. 比较容易相处　3. 不好相处

E10. 您及家人是否与原当地的居民发生过冲突或矛盾：

1. 5 次以上次　　2. 发生过一两次　3. 从来没发生过

E11. 搬迁后，您家是否与当地人通婚：

1. 有　　2. 没有

F 生产适应情况

F1. 搬迁后，您的生产活动发生了哪些变化：

1. 打工机会多了　　2. 经商方便多了

3. 购买生产资料更加方便了　　4. 想法更多了

5. 什么变化都没有　　6. 其他（请注明：________）

F2. 搬迁后，搬迁前的生产技能能否为您现在的生产活动提供帮助：

1. 非常有用　　2. 有用

3. 有一点用　　4. 没有任何作用

F3. 近五年，您是否参与过政府组织的相关培训例如：修车、手工艺品制作等：

1. 参加　　2. 未参加

参加过哪些培训：（内容）________，参加过几次：________次

F4. 政府组织的相关培训，是否对您有帮助：

1. 非常有帮助　　2. 有帮助

3. 有一点帮助　　4. 一点帮助都没有

F5. 您外出打工您认为面临最大的困难是什么：

1. 语言　　2. 生产技能　　3. 资金　　4. 文化程度

5. 工作经验　　6. 其他

F6. 您有创业的想法吗：

1. 非常愿意　　2. 愿意　　3. 不太愿意

4. 不愿意　　5. 不知道

F7. 您是否尝试过创业：

1. 是　　2. 否

创业主要是做什么：________

F8. 您有哪些手艺：

1. 木匠架子工　　2. 泥瓦匠

3. 油漆画匠　　4. 钢筋电焊工

5. 面匠厨师　　6. 汽车家电修理

7. 刺绣缝纫　　8. 吹拉弹唱

9. 美容美发　　10. 工艺雕塑

11. 汽车拖拉机驾驶　　12. 特色种植

13. 专业养殖　　14. 农畜产品加工

15. 其他（请注明：________）

F9. 您的这些手艺从哪里学习的：

1. 政府培训　　2. 拜师　　3. 祖传　　4. 自学

5. 职校　　6. 其他（请注明：________）

F10. 您在生产中获得信息的渠道有哪些：

1. 电视、广播、网络　　2. 邻居．亲友

3. 科技培训　　4. 政府部门

F11. 您外出打工的地方：

1. 本省其他地区　　2. 本县

3. 本州其他县　　4. 外省

G 生活适应情况

G1. 与搬迁前相比较，请对下列选项的满意度进行评价

满意度	饮食	衣着	教育	医疗	交通	通信	住房	宗教活动
非常满意								
满意								
基本满意								
不满意								
非常不满意								

G2. 搬迁后，您是否适应迁入地气候条件：

1. 非常适应　2. 适应　3. 基本适应
4. 不适应　5. 非常不适应

G3. 搬迁后，您参加宗教活动转经、朝拜是否更加方便：

1. 非常方便　2. 方便　3. 基本方便
4. 不方便　5. 非常不方便

G4. 搬迁后，孩子们上学是否更加方便：

1. 非常方便　2. 方便　3. 基本方便
4. 不太方便　5. 非常不方便

G5. 搬迁后，您经常用哪种语言与他人进行交流：

1. 藏语　2. 藏语与普通话都可以
3. 普通话　4. 其他（请注明：________）

G6. 搬迁后，您家人经常在移民村住吗：

1. 一直住　2. 偶尔住
3. 不住　4. 把房子租给别人住

G7. 搬迁后，您家的哪项支出明显的增多了：

1. 房租　2. 子女教育　3. 购买牛羊　4. 宗教活动
5. 储蓄　6. 交通及通信方面

7. 日常生活方面 8. 人情花费 9. 医药支出

10. 改善生活状况（盖房子、购买车辆、家电设施）

11. 其他（请注明：________）

G8. 搬迁后，您觉得和镇上居民的差别在哪些方面：

1. 职业 2. 收入 3. 生活习惯 4. 文化程度

5. 语言 6. 宗教信仰 7. 户口 8. 民族

G9. 搬迁后，您对现在的生活满意吗：

1. 非常满意 2. 满意 3. 基本满意 4. 不满意

5. 非常不满意

H 社会心理适应情况

H1. 搬迁后，您是否会感到心情抑郁或沮丧，频繁程度是：

1. 总是 2. 经常 3. 有时

4. 很少 5. 从不

H2. 搬迁后，您是否会怀念搬迁前的生活，频繁程度是：

1. 总是 2. 经常 3. 有时

4. 很少 5. 从不

H3. 搬迁后是否有回迁（返回之前住地的想法）：

1. 总是 2. 经常 3. 有时

4. 很少 5. 从不

如果有回迁的想法，原因是：________

H4. 搬迁后，您认为您的身份是：

1. 原来村子的人 2. 现在村子的人

3. 二者都属于 4. 不清楚

H5. 搬迁后，当您有烦恼的时候会和谁聊天：

1. 本家人 2. 其他亲戚 2. 同学朋友 4. 邻居

5. 当地人 6. 原来村子里的人

H6. 您对搬迁后的生活是否有信心：

1. 非常有信心　2. 有信心　3. 基本有信心
4. 没信心　5. 非常没信心

I 开放性问题

I1. 移民后与自己先前的生活预期有差距吗？哪些方面？

I2. 现在生活中最大的困难和问题是什么？

问卷到此结束，谢谢您的参与。祝您扎西德勒！

备注：调查以家庭为单位进行，以户主为被调查者。如果户主不在家，则以16岁及以上的子女作为被调查者；如果家中没有16岁及以上成员，则放弃对该家庭的调查。

问卷编码表

所在州：1-玉树　2-果洛　3-海南　4-黄南　5-海西

安置方式：1-跨州安置　2-跨县安置　3-跨乡（县内）安置　4-乡内安置

所在州	所在县	调研社区	地区编码	安置方式	安置编号
		巴塘移民社区 1	111	跨乡（县内）安置	3
		县城东尼格仲达移民社区 2	112	跨乡（县内）安置	3
	玉树县 1	县城东尼格安冲乡移民社区 3	113	跨乡（县内）安置	3
		县城东尼格小苏莽移民社区 4	114	跨乡（县内）安置	3
		隆宝社区 5	115	乡内安置	4
	曲麻莱县 2	县城约改滩移民社区 1	121	跨乡（县内）安置	3
		县城尕朵乡移民社区 1	131	跨乡（县内）安置	3
		县城拉布乡移民社区 2	132	跨乡（县内）安置	3
	称多县 3	歇武镇移民社区 3	133	乡内安置	4
		称文镇移民社区 4	134	乡内安置	4
玉树州 1		珍秦乡移民社区 5	135	乡内安置	4
		县城东坝乡移民社区 1	141	跨乡（县内）安置	3
	囊谦县 4	县城着晓乡移民社区 2	142	跨乡（县内）安置	3
		县城吉曲乡移民社区 3	143	跨乡（县内）安置	3
		县城尕涌乡移民社区 4	144	跨乡（县内）安置	3
	治多县 5	县城索加移民社区 1	151	跨乡（县内）安置	3
		县城扎河乡移民社区 2	152	跨乡（县内）安置	3
		县城查旦乡移民社区 1	161	跨乡（县内）安置	3
	杂多县 6	县城莫云乡移民社区 2	162	跨乡（县内）安置	3
		县城昂赛乡移民社区 3	163	跨乡（县内）安置	3
		县城扎青乡移民社区 4	164	跨乡（县内）安置	3

续表

所在州	所在县	调研社区	地区编码	安置方式	安置编号
果洛州 2	玛沁县 1	大武镇移民社区（玛沁县雪山、拉加、下大武乡移民）1	211	跨乡（县内）安置	3
		河源新村（玛多县移民）2	212	跨县安置	2
	甘德县 2	县城达协塘牧民社区 1	221	跨乡（县内）安置	3
	达日县 3	县城特合土移民社区 1	231	跨乡（县内）安置	3
	班玛县 4	县城江日堂移民社区 1	241	跨乡（县内）安置	3
		县城亚尔堂移民社区 2	242	跨乡（县内）安置	3
		县城赛来堂移民社区 3	243	跨乡（县内）安置	3
		知钦乡移民社区 4	244	乡内安置	4
	久治县 5	县城哇赛乡移民社区 1	251	跨乡（县内）安置	3
	玛多县 6	县城三岔口移民社区（玛查理村）1	261	跨乡（县内）安置	3
		野牛沟移民社区 2	262	乡内安置	4
海南州 3	兴海县 1	县城龙藏乡移民社区 1	311	跨乡（县内）安置	3
		县城中铁乡移民社区 2	312	跨乡（县内）安置	3
		青根河移民社区 3	313	跨乡（县内）安置	3
	同德县 2	果洛新村移民社区 1	321	跨州安置	1
		县城科加滩移民社区 2	322	跨乡（县内）安置	3
		河北乡移民社区 3	323	乡内安置	4
黄南州 4	同仁县 1	县城隆务镇党校移民社区（泽库县移民）1	411	跨县安置	2
	泽库县 2	多福顿乡移民社区 1	421	乡内安置	4
		龙藏乡移民社区 2	422	乡内安置	4
		多龙村移民社区 3	423	乡内安置	4
		宁秀乡移民社区 4	424	乡内安置	4
		和日乡移民社区 5	425	乡内安置	4
		县城瑙乃亥镇移民社区 6	426	跨乡（县内）安置	3
	河南县 3	县城优干宁镇德日龙移民社区 1	431	跨乡（县内）安置	3
海西州 5	格尔木市 1	唐古拉山移民村 1	511	跨乡（县内）安置	3
		昆仑民族文化村（曲麻莱县移民）2	512	跨州安置	1